# 不動産鑑定士・宅地建物取引士になるには

なるにはBOOKS 55

いのうえりえ 著

ぺりかん社

# はじめに

私たちは生きている限り、必ず不動産にかかわっています。山や森林などはもちろん、暮《く》らしの基盤《きばん》となっている住まいも、人びとが働いているオフィスや工場なども、学びの場である学校も、スーパーマーケットやコンビニエンスストア、デパート、レジャー施設《しせつ》、病院なども不動産です。ただ歩いているだけの道路だって、不動産です。

私たちの生活の基盤《きばん》である不動産には、高価値があります。しかも、物価や経済状況《じょうきょう》や、都市の再開発などによって価格は変動しています。そこで、その時点でもっとも適正な価格を決めるのが、２章で紹介《しょうかい》する不動産鑑定《かんてい》士です。

しかも土地や建物は高額の商品になるため、気軽に買ったり売ったりできるものではありませんし、安易に借りたり貸したりもできません。必ず不動産を扱《あつか》うスペシャリストが介在《かいざい》し、その不動産を買う人にその土地や建物の状態を説明し、売る人と買う人、もしくは貸す人と借りる人が値段や代金の支払い条件についてお互《たが》いに納得しているかどうかを確認して正しい取引を行うことが法律で決められています。その際、活躍《かつやく》するのが３章で紹介《しょうかい》する宅地建物取引士（通称《つうしょう》、宅建士）です。

不動産は身近なものであるにもかかわらず、不動産鑑定士や宅地建物取引士の存在はなぜか学生からは縁遠《えんどお》く、知らない人も多いのが現状です。

その理由のひとつとして挙げられるのは学問として学べる場がないことです。

ほかの士業には資格のバックボーンとなる関連学部があります。たとえば、弁護士だったら法学部がありますし、公認会計士であれば、経営学部があります。しかし、日本で「不動産学部」があるのは千葉《ちば》県の明海《めいかい》大学だけなのです。

ただ、ここにきて不動産業界は大きな変革期に入っています。

国土交通《こくどこうつう》省は２０１９年、「不動産業ビジョン２０３０～令和時代の『不動産最適活用』に向けて～」を約25年ぶりに策定しました。また、２０２２年には不動産取引時の書面が電子書面で提供できるように宅地建物取引業法施行《しこう》規則の一部が改正されています。

こうした不動産業界の動向すべてにかかわってくるのが不動産鑑定士であり、宅地建物取引士です。本書のドキュメントに登場する方々の働き方、生き方も実に魅力的《みりょくてき》です。これからの不動産業の一翼《いちよく》を担いたいと思う人がひとりでも増えることを願っています。

なお、本書に登場する宅地建物取引士のなかには、資格を取得した当時は「宅地建物取引主任者」の名称だった方もいますが、本書では「宅地建物取引士」で統一しています。

著者

# 不動産鑑定士・宅地建物取引士になるには　目次

## ［3章］宅地建物取引士の世界・なるにはコース

※本書に登場する方々の所属などは、取材時のものです。

[装幀]図工室　[カバーイラスト]津田蘭子　[本文イラスト]わたなべ じゅんじ　[撮影]いのうえ りえ

# 「なるにはBOOKS」を手に取ってくれたあなたへ

「働く」って、どういうことでしょうか?

「毎日、会社に行くこと」「お金を稼《かせ》ぐこと」「生活のために我慢《がまん》すること」。

どれも正解です。でも、それだけでしょうか? 「なるにはBOOKS」は、みなさんに「働く」ことの魅力《みりょく》を伝えるために1971年から刊行している職業紹介《しょうかい》ガイドブックです。

各巻は3章で構成されています。

**〔1章〕ドキュメント** 今、この職業に就いている先輩《せんぱい》が登場して、仕事にかける熱意や誇《ほこ》り、苦労したこと、楽しかったこと、自分の成長につながったエピソードなどを本音で語ります。

**〔2章・3章〕仕事の世界・なるにはコース** 職業の成り立ちや社会での役割、必要な資格や技術、将来性などを紹介《しょうかい》します。また、なり方を具体的に解説します。適性や心構え、資格の取り方、進学先などを参考に、これからの自分の進路と照らし合わせてみてください。

この本を読み終わった時、あなたのこの職業へのイメージが変わっているかもしれません。

「やる気が湧《わ》いてきた」「自分には無理そうだ」「ほかの仕事についても調べてみよう」。

どの道を選ぶのも、あなたしだいです。「なるにはBOOKS」が、あなたの将来を照らす水先案内になることを祈っています。

# 1章

ドキュメント

# 不動産という暮らしの基盤にかかわる

ドキュメント 1

大手デベロッパーを経て独立開業した不動産鑑定士

# 伝統的な業務と時代の最先端、両方にたずさわることができる

冨樫不動産鑑定事務所《とがしふどうさんかんていじむしょ》

冨樫絵美《とがしえみ》さん

## 冨樫さんの歩んだ道のり

神奈川《かながわ》県生まれ。大学の文学部英文科卒業後、建設会社に就職、一般《いっぱん》事務として働く。在職中に宅地建物取引士を取得。不動産鑑定《かんてい》士試験に合格したのを機に大手デベロッパーの不動産鑑定部門へ転職。不動産鑑定士として約10年もの間、さまざまな案件に取り組んだ後、神奈川県で独立開業。公益社団法人日本不動産鑑定士協会連合会《にほんふどうさんかんていしきょうかいれんごうかい》の広報委員も務める。

## 資格は将来のための「お守り」

山や畑、住宅やビル、ホテル、デパートなど、土地や建物といった動かすことのできない財産のことを不動産といいます。こうしたさまざまな不動産の経済価値を判断して、適正な価格で示すのが不動産鑑定士です。

　不動産には必ず価格があり、しかも経済状《じょう》況《きょう》によって日々変化しています。だからこそ、そのつど周辺環境《かんきょう》や市場経済などを分析《ぶんせき》した上で、客観的に不動産を鑑定評価する必要があるわけです。この不動産鑑定評価が許されているのは唯一《ゆいいつ》、不動産鑑定士だけです。

　といいつつ、私も学生の頃《ころ》はこのような職業があるとはまったく知りませんでした。

　大学卒業後、就職したのは建設会社でした。そこでは人事・総務のセクションで一般《いっぱん》事務の仕事にたずさわっていました。

　入社5年目で社員向けの寮《りょう》や社宅の管理をしていた頃《ころ》、社内で奨励《しょうれい》していた宅地建物取引士の資格を取得することにしました。資格学校の通信講座を受けて合格したのですが、その後に学校から、不動産鑑定士の資格取得をめざす講座のDMが届きました。

　それをながめ、「結婚《けっこん》、出産後も仕事を続けるのなら、武器になるような資格があったほうがいい。将来の〝お守り〟としてチャレンジしよう」と決め、10カ月の不動産鑑定士講座を受講。不動産に関する資格の最高峰《さいこうほう》といわれる国家資格だけにこの準備期間で受かることは難しく、1回目は残念な結果でした。

## 試験合格と同時に転職活動

難関資格だというのはよくわかったのです

が、もう一回だけチャレンジしてみようと決めました。2年目も資格学校で不動産鑑定士講座を受講。平日夜と土日も学校へ行き、仕事以外のほとんどの時間を勉強に費やしました。努力の甲斐《かい》があり、2回目の試験では無事に合格しました。

ただ、試験に合格すればすぐに不動産鑑定士になれるわけではありません。正式に不動産鑑定士になるには不動産鑑定事務所に所属して、不動産鑑定評価の実務を積み、その後、実務修習を受講、最後に修了《しゅうりょう》考査という試験を受けて合格しなければなりませんでした。

そのため、当時勤めていた建設会社を退職し、大手デベロッパーの不動産鑑定部門へ転職。不動産鑑定士として活躍《かつやく》するための第一歩を踏《ふ》み出しました。

## 不動産の適正な価格を判断する

就職したデベロッパーの不動産鑑定部門は、大手民間企業《きぎょう》や官公庁《かんこうちょう》などから依頼《いらい》された数多くの鑑定評価を行っていました。

なぜ企業《きぎょう》や官公庁が不動産の鑑定評価を依頼《いらい》してくるのか？　その目的はさまざまです。たとえば、企業《きぎょう》であれば、自社で所有する不動産を有効活用するため価値を把握《はあく》したい、というシンプルな理由や、不動産を担保に金《きん》融《ゆう》機関からお金を借りたいなど経営の根幹にかかわるような理由もあります。官公庁であれば、不要となった公共用地を売却したい場合や、反対に道路拡幅《かくふく》など公共事業の用地として利用したい土地を所有者から買収することがあります。その際、どれぐらいの価格なのかを把握《はあく》するため、鑑定評価を依頼《いらい》されます。

不動産鑑定士は社会的責任の重い仕事を担います

いずれにしても、不動産の価格を適正に判断できる唯一の国家資格を有するのは不動産鑑定士だけです。それだけに社会的責任の重い仕事です。

入社当時の私は、不動産鑑定士の補助者すなわちアシスタントでしたが、実務を積みながら実務修習を終え、修了考査《しゅうりょう》に合格した上で3年後に正式に不動産鑑定士登録をし、その責任の一端《いったん》を担うようになりました。

## 大手はチームで鑑定評価を行う

総勢20名ものスタッフが常駐《じょうちゅう》する、比較的《ひかくてき》大きな鑑定部門だったこともあり、鑑定評価を依頼《いらい》される不動産もマンションやオフィスビルはもちろん、ホテル、大型ショッピングモール、病院、介護施設《かいごしせつ》、ゴルフ場などさまざま。場所も東京《とうきょう》にとどまらず、北海道《ほっかいどう》から沖縄《おきなわ》まで依頼《いらい》があれば、誰《だれ》かが全国どこへでも出かけていくという体制でした。

たとえば、全国10カ所にある不動産を所有する会社から、それらすべての鑑定評価をしてほしいという依頼《いらい》がきたりします。そうするとチームをつくり、誰《だれ》がどこの不動産の鑑定をするのか分担を決めます。

担当する不動産周辺の不動産マーケットや地価水準などを調べた上で、現地へ出向きます。自分の目で確かめることはもちろん、地元の精通者の意見を聞いたり、実際の取引の事例を現地で確認したりと、隅《すみ》から隅《すみ》まで調べます。周りの街のようすや環境《かんきょう》なども肌《はだ》で感じ取っておきます。

さらに役所などにも出向いて都市計画などの情報を収集。集めた情報をもとに分析《ぶんせき》を行い、全体的な経済状況《じょうきょう》なども考慮《こうりょ》して鑑定評価の手法を適用して価格を求めます。そして鑑定評価額を決定。これらの内容を鑑定評価書にまとめていきます。最後に、それぞれの不動産鑑定士が担当した鑑定評価書を一括《いっかつ》して依頼《いらい》者へ納品する、という流れになります。

自分の担当はあるものの、わからないことがあれば、先輩《せんぱい》の不動産鑑定士はもちろん、ときには鑑定部門以外の部署や支店の方たちに意見を聞くことができました。そこが大手鑑定機関においてチームを組んで仕事をやるメリットであり、おもしろさです。新人の時、そういった環境《かんきょう》で仕事ができたおかげで、より早く不動産鑑定士としての高いスキルを身につけることができた気がします。

## 複雑な鑑定評価のしかたがおもしろい

一般的《いっぱんてき》な住宅、マンション、オフィスビル

などの不動産であれば、これまでの鑑定評価の手順や手法にのっとり、鑑定評価額を求めていけばよく、あまり大きく悩むことはありません。しかし、近年、これまでのやり方では対応できないような不動産の鑑定評価が多く出てきました。そのひとつの例がホテルの鑑定評価です。

たとえば、あるホテルがあるとします。土地と建物はA社が所有しているけれど、運営するのはB社。その場合、そのホテルを運営していく中で、どれだけ売上があるのか、またどれだけ費用がかかっているかを算出し、その利益の中からこの土地と建物に対して、運営者が所有者にどれだけの賃料を払えるかを計算した上で鑑定評価をする必要があります。このような不動産をオペレーショナルアセットといいます。

現地へ出向いて写真を撮ります

ホテルをはじめ、商業施設《しせつ》やアミューズメント施設《しせつ》、病院、介護《かいご》施設《しせつ》などはおおむね従来の鑑定評価の手法に加え、このような手法も適用して鑑定評価額を出します。

私が本気で不動産鑑定士の仕事を続けようと思ったのは、このオペレーショナルアセットの鑑定評価を経験したからです。

不動産鑑定士となって間もない頃《ころ》、大型ホテルの案件を担当しました。そのホテルには宿泊部門だけでなく、婚礼《こんれい》・宴会《えんかい》、レストランなどが併設《へいせつ》されていました。宿泊《しゅくはく》施設《しせつ》のひと部屋ごとの売上単価と稼働率はもちろん、併設するレストランや婚礼《こんれい》などすべて収支を分析《ぶんせき》し、そのなかから具体的にどのくらい土地と建物に賃料を払えるのかを求め、鑑定評価額を求めました。

非常に大変な作業が多かったのですが、そのプロセスの中で、不動産の価格は土地・建物の価格の積み上げだけでなく、どのように使われるか、そしてどれだけ収益を上げられるかで大きく経済価値が変わることを知りました。「不動産の仕組みって、複雑だけどおもしろい」と思った瞬間《しゅんかん》でした。

## 家庭の事情で独立開業

約10年、大手デベロッパーの鑑定部門で働きました。その間に結婚《けっこん》し、2人の男の子にも恵《めぐ》まれました。約一年間の産休育休もそれぞれとっています。その後、長男が小学生になった時には、仕事に支障がないよう万が一に備えて夜10時まで預かってくれる学童保育とも契約《けいやく》しました。

しかしちょうどその頃《ころ》、思わぬできごとが起こります。実母の体調が悪くなり介護《かいご》が必

個人の鑑定事務所では依頼を受けることから始まります

要になってしまったのです。大きな会社だと大きな仕事ができますし、何よりチームで動くのが好きだったので悩《なや》みましたが、今は親の介護《かいご》を優先する時だと思い、退職しました。

想定外の退職でしたが、これまでのキャリアを活かし少しでも仕事を続けたかったので、独立開業を決めました。神奈川県横須賀市《よこすか》にある実家の一部を事務所にして、母のようすを見ながら働けるよう環境《かんきょう》を整えました。

個人の鑑定事務所となると、仕事内容はガラリと変わります。まずチームではなく、仕事の依頼《いらい》を受けるところから鑑定評価書を作成し納品するまで、すべて自分ひとりで対応します。

これまでは広い範囲で鑑定をしていたのですが、神奈川県の不動産鑑定士協会に登録したので、主に神奈川県内の依頼《いらい》が多くなりました。仕事の内容は、公的評価と呼ばれる評価業務と、県内の戸建住宅、アパート、住宅地など、以前と比べて規模の小さいものがメインとなっています。

公的評価とは、国や都道府県、市町村などが土地の適正な価格を一般《いっぱん》に公表するための評価業務です。具体的には、地価公示*や地価調査**、市町村からは固定資産税の根拠《こんきょ》となる固定資産税標準宅地というものの鑑定評価を依頼《いらい》されます。

それ以外には、私が拠点《きょてん》としている横須賀市や三浦《みうら》半島に暮《く》らす地主さんからの依頼《いらい》もあります。

## 何度も考えて評価額を決定

鑑定評価の仕事で大事なのは、必ず現地を実際に見て、確認することです。事前にいろいろな資料を集めて調べるのですが、いざ現地へ行くと土地の境界があいまいで、Aさんの土地だと思っていた中に隣《となり》のBさんの土地が入り込んでいたり、道路の幅《はば》も役所の公式図面と違《ちが》っていたりといったことが往々にしてあります。そういったことは、実際に現地へ行かないとわからないことです。

現地では役所も訪問し、評価対象の不動産にどのような公的な制限があるのかなど、法令上の規制も調べます。周辺のほかの土地の取引事例なども調べ、ありとあらゆる情報を収集した上で分析《ぶんせき》し、価格を出していきます。

鑑定評価にはいくつか手法があるので、違《ちが》ったアプローチで複数の試算価格を求めるわけですが、そのなかで最終的な鑑定評価額を決定します。個人だと相談する相手がいないので評価額を決める際はかなり慎重になりま

---

＊地価公示　一般の人が土地取引や資産評価をする際に目安となるものをつくるため、国が年１回実施するもの。
＊＊地価調査　都道府県が年１回、地価の動向を調べるもの。

す。毎回これでいいかと何度も考えています。

熟考の末、評価額が決まったら、いよいよ不動産鑑定評価書の作成です。不動産鑑定評価基準にのっとって進めます。

大手デベロッパーでの仕事も魅力的《みりょくてき》でしたが、今の個人事務所としての不動産鑑定の仕事も気に入っています。三浦《みうら》半島は私の生まれ故郷なのですが、実際に仕事でまわってみるとまだまだ知らないことがあり、発見も多いんです。ただ、このエリアも高齢《こうれい》化や空き家に関しては大きな課題のひとつになっているので、不動産鑑定士として何か貢献《こうけん》できることがないかと考えているところです。

## 新しい分野にチャレンジしたい

幸いなことに、今では母の健康状態も回復し、子どもたちも中学校、高校へ進学しました。今までは仕事をセーブすることもありましたが、これからは新しい分野にもチャレンジしていこうと思います。自身のライフスタイルや働き方、何より価値観に合わせて仕事のしかたや量を調整できる。それも不動産鑑定士という仕事の大きな魅力《みりょく》のひとつです。

先ほどお伝えした公的評価は、もう何十年も前から伝統的に続いている、不動産鑑定士の定番業務です。その一方で不動産鑑定士は、非常に新しいことにも挑《いど》めます。

たとえば、先ほどふれたオペレーショナルアセットの評価や不動産の証券化に関する評価、また、新しい権利である定期借地権の評価などです。つまり、時代の最先端《さいせんたん》で、時代を動かすような仕事もできるわけです。

夢《ゆめ》のある職業、不動産鑑定士にぜひ挑戦《ちょうせん》してほしいです。

ドキュメント 2

海外までフィールドを広げて活躍する不動産鑑定士

# 海外の不動産鑑定士と連携し、現地の鑑定評価を行う

日本《にほん》ヴァリュアーズ株式会社《かぶしきがいしゃ》
国際部 部長
中《なか》澤《ざわ》 高《たかし》さん

**中澤さんの歩んだ道のり**

群馬《ぐんま》県生まれ。大学の教養学部卒業後、イギリスの大学院へ進学し、観光地計画・開発学で科学修士号を取得。２００５年、日本ヴァリュアーズへアルバイトとして入る。同年、不動産鑑定士に合格と同時に正社員となる。その後、正式に不動産鑑定士登録をする。15年、社内に国際室を立ち上げ、18年から国際部に組織変更《へんこう》となり、現在は部長を務める。

## アルバイトで鑑定会社を体験

大学卒業後、海外で経験を積みたくてイギリスへ留学し、以前から関心のあった観光学を専攻《せんこう》。帰国後に、不動産鑑定士の資格取得をめざすことにしました。留学先で学んだことを活かして、「観光地のまちづくり」などにかかわるコンサルティング業に就きたいと思い、それを実現できるのが不動産鑑定士だと直感したからです。

「1回で絶対合格する」と覚悟《かくご》を決めて都内に安いアパートを借りて、ひたすら勉強したのに結果は不合格。2回目の試験を受けようと思うものの、なかなかモチベーションが上がりません。そこで「そもそも不動産鑑定士の世界はどんなところなのか」を知っておいたほうが試験勉強もがんばれるのではないかと、鑑定事務所で働くことを考えました。

早速、鑑定事務所を探していくつか問い合わせてみたところ、当時は試験勉強中の人間を雇《やと》ってくれるところなどなく断られ続けました。そんななか、今勤めている日本ヴァリュアーズも最初は断られたものの、半年後に連絡《れんらく》をくれてアルバイトで働けることに。可能性が低くても、まずはあたってみたことで道が少し開けたわけです。

不動産鑑定士のいる現場に身を置いて大正解でした。机上の試験勉強では理解できなかったことが、先輩《せんぱい》たちの仕事ぶりを見たり感じたりするだけですっと入ってくるのです。しかも、ホテルやスキー場のような観光資源にかかわる鑑定評価や、地域のまちづくりにかかわる仕事も実際に行われているのを目の当たりにして、「やりたかったことはこれだ！」と確信がもてました。社内の雰囲気《ふんいき》もよく、いろいろな意味で自分に合っていると実感できたことがモチベーションになり、試験勉強にも身が入りました。おかげでその年の試験に合格でき、正式に社員として働くことになりました。

## 20代半ばからキャリアスタート

アルバイトで入社し、半年後に資格を取得して、実務修習期間を経て不動産鑑定士登録ができたのが2年後です。その間は補助者として先輩《せんぱい》に同行して鑑定に必要な調査や実地調査、鑑定評価書の作成などの仕事をしながら、指導鑑定士の指導のもと実務修習の課題をこなしていました。

登録後は不動産鑑定士としてひとりで現地調査を行い、自分で結論をはじき出し、価格を決定することができるようになりました。それをクライアントに説明することにも緊張《きんちょう》し、この頃《ころ》はずっとプレッシャーの日々でした。

鑑定士3年目に入った頃《ころ》から担当案件が増えただけでなく、マネージャー的な立場になり、社内調整や社内審査《しんさ》など新たな業務も与《あた》えられました。それがきつい時もありましたが、次第に余裕《よゆう》も出てきて、どの業務も楽しめるようになっていきました。

仕事の何に喜びを見い出し、やりがいを感じるかは人それぞれですが、私の場合、20代半ばから不動産鑑定士のキャリアをスタートさせたからこそ、より多くの経験ができて結果的にはすごくよかったと実感しています。

## 鑑定業界の最先端《さいせんたん》をいく

私が所属する日本ヴァリュアーズは、不動

新しいことに取り組むにあたり、社内の打ち合わせは欠かせません

産の鑑定評価、調査、コンサルティングなどを行う50名規模の専門家集団。鑑定評価をする上で利害による衝突《しょうとつ》を避《さ》けるため、かつ公平性を保つため、不動産の仲介《ちゅうかい》は行っていません。あくまで鑑定にまつわる評価業務と相談業務に特化しています。

しかも、不動産鑑定業界のなかでも比較的《ひかくてき》新しいことに取り組んでいることも大きな特《とく》徴《ちょう》です。そのひとつが不動産の証券化です。

一般的《いっぱんてき》にマンションなどの不動産を貸して家賃収入を得たり、売却《ばいきゃく》した際の値上がり分を利益として得たりすることを不動産投資といいます。しかし、高額な不動産は買い手が限られ、投資対象にしづらい側面がありました。そこで株や債券《さいけん》のように不動産を小口化・金融商品化して投資する仕組みがつくられました。それが不動産の証券化です。この仕組みを活用すれば、投資家も丸ごと不動産を購入《こうにゅう》する必要がなく、少額で投資できます。不動産をもとに資金を集めたい人は資金を集めやすくなります。

具体的には不動産の証券化という特別の目的のために設立された特別目的会社が間に立ち、多くの投資家から集めた資金でオーナーとなる企業《きぎょう》などが、オフィスビルや商業施設《しせつ》、マンションなどの不動産を購入《こうにゅう》し、その賃貸収入や売買による利益を投資家に分配することになります。

この不動産の証券化において不動産鑑定士が何をするか。まずは投資対象の不動産の購《こう》入《にゅう》時、ファンド組成時の鑑定評価です。また、不動産も運用期間中、株や債券《さいけん》のように価値が変動するのでその間の鑑定評価も行います。投資家の保護と説明責任も不動産鑑定士の大きな仕事です。証券化の対象となる不動産の評価は投資家たちに多大な影響《えいきょう》を及《およ》ぼします。それだけに不動産鑑定士による公平公正な鑑定評価が極めて重要ですし、評価の根拠《こんきょ》などを明確に説明する責任があります。

現地で調査をします

不動産証券化の市場規模は年々大きくなっており、今後も伸《の》びていく分野です。私たちの会社でも今まで以上に力を入れているところです。

## 海外案件に取り組む国際部

もうひとつ、私たちの会社が本腰《ほんごし》を入れて取り組んでいるのが国際業務で、大きく二つあります。ひとつは海外の投資家が日本国内の不動産を取得する際に必要な鑑定評価を行う「インバウンド業務」。もうひとつは日本の投資家が海外の不動産を取得する際に必要な鑑定評価を作成する仕事で「アウトバウンド業務」です。今のところ、比率は8対2程度でインバウンド業務が多く、アウトバウンド業務は少ないのが現状です。

インバウンド業務では、欧米諸国やシンガポールなどのプロの投資家による日本国内の商業不動産への投資、国籍《こくせき》を問わず、外国人富裕《ふゆう》層が物件を取得する際や、外国の銀行から融資を受ける際の評価などが増えています。

そのほか、外国の政府や公的機関からの日本の物件への評価依頼《いらい》、企業《きぎょう》の合併《がっぺい》と買収（M&A）に際しての評価、さらには弁護士から個人の裁判がらみの案件依頼《いらい》など、実にさまざまです。

取引先として、外資系で日本に何店舗《てんぽ》も出店されている企業《きぎょう》があるのですが、毎回、必ず出店する土地の鑑定評価を依頼《いらい》されます。海外ではいかに専門家による客観的な評価が重要視されているかを実感しています。

基本的に国際案件も国内と評価手順は同じです。ただ、海外のクライアントは日本の評価基準や手続き、評価手順を知らないことが多いので、ていねいな説明が必要になります。

## 今後増える日本からの海外進出

先ほど、アウトバウンドが2割とお伝えしましたが、今後はこちらの業務が伸《の》びてくると私たちは考え、すでにタイをはじめ、ミャンマー、カンボジア、フィリピンに現地法人を設立しています。

実際、インドや東南アジアの国々の成長が著しく、日本の大手デベロッパー、投資家、金融《きんゆう》機関などからの注目も高まっています。

たとえば、大手デベロッパーが東南アジアのある国に共同住宅やオフィスビルの建設を企画《きかく》したとします。その建設用地となる土地を探す段階からかかわり、周辺の相場など市場調査を行います。土地を購入《こうにゅう》する際は、外資規制があったりしますし、何より十分な資料が得られないことも多いので、まずは現地に出向いて調査を行うところからはじめる、というマインドも非常に重要です。

海外では日本の常識では考えられないようなことが常識だったりします。たとえば、日本では多くの場合、土地のもち主は特定のひとり、もしくは1社です。ところが、中国やベトナムでは所有者が3重、4重構造になっているケースが多々あります。基本的に土地は国家のもので民間の所有は認められていないのですべて借地なのですが、その借地権をもっている人がさらに、その土地を他者へまた貸ししたりしているのです。

また、不動産鑑定評価制度は日本同様、各国ごとにそれぞれ定められているものがあるので、それぞれの国の事情、制度にくわしい鑑定士と連携《れんけい》することが重要になってきます。

それもあって、私たちは現地法人をつくっているわけです。まだ会社を設立できていない国ではパートナーとなってくれる現地の不動産鑑定会社を探し、対応しています。

中澤さんが作成した不動産鑑定評価書

## 国際評価基準が共通言語に

各国で定められた不動産鑑定評価制度のほか、国際的な団体が定めている「国際評価基準（ＩＶＳ）」があります。たとえば、シンガポールは自国の基準を「国際評価基準」と同じにしています。一方で、日本のように、独自の制度によって評価基準を設けている国も多くあります。

基本的には各国の基準を理解する必要があるのですが、この国際評価基準を理解していると海外での展開では非常に有利になります。「あなたの国のやり方はこうかもしれないけれど、国際評価基準だとこうだよね」といった具合に、どの国の不動産鑑定士と話す上でも共通言語として活用できるからです。何より国際的な評価業務を行う上で、大きな信頼《しんらい》性が得られます。

当社は「国際評価基準」を熟知した不動産鑑定士が多く、ＲＩＣＳ*の認定評価機関として認知されており、海外から高い評価を得ています。

## 評価業務には人間にしか判断できない部分も

私自身、同じことをずっとやっているとすぐに飽《あ》きてしまう性格です。不動産鑑定士の仕事は、さまざまな案件につぎつぎにかかわっていきます。変化に富んでいるのでまったく飽《あ》きることがありません。

しかも、国内だけでなく最近は海外案件でさまざまな国へも行けて、いろいろな方たちと出会えます。日本ではない国の方から、別の国の不動産評価を依頼《いらい》されたりしたこともありますし、国内にある不動産の価格についてある国の裁判所から証人喚問《かんもん》で呼ばれ、出廷したこともあります。

世界をまたにかけて不動産にかかわります

基本的には鑑定評価書を作成するのが一番

＊ＲＩＣＳ　イギリス王立の団体で、評価に関する資格や基準について世界をリードする専門機関。

の仕事なのですが、それに付随《ふずい》して本当に予想もつかないさまざまなことが経験できるこの仕事が大好きです。

今、ＡＩ（人工知能）やビッグデータの進歩にはすさまじい勢いがあります。不動産鑑定は数々のデータをもとに査定額を算出するものなので、近い将来、ＡＩなどに置き換《か》わってしまうのではないか、という意見もあります。

しかし、２０１９年から始まった新型コロナウイルス感染症《しょう》によるパンデミックや22年からのロシアによるウクライナ侵攻《しんこう》など、データではまったく予測がつかない事態が世界で起きています。このような時代においては、過去のデータが実際のマーケット（市場）の分析に役に立たない局面も出てきます。

そこで必要になってくるのがやはり不動産鑑定士です。客観性、公平性を担保しつつ、データの乏しい市場を解釈して、説明するのもまた大きな仕事であり、それはコンピュータにはできないことです。

不動産の最高峰《さいこうほう》といわれる国家資格ですので、不動産に興味のある方にぜひめざしてほしいですが、「鑑定」に関心がある方にもおすすめです。「不動産鑑定評価基準」という科目を徹底的《てっていてき》に学ぶのですが、この鑑定評価基準の手法は不動産だけでなく、宝石や工場内にある機械など、さまざまなものを鑑定する際にも使えるスキルです。

また、先ほどお伝えしたように不動産の証券化や不動産のクロスボーダー化（国際化）など、時代の先端《せんたん》をいく業務にもたずさわることができます。実に魅力《みりょく》的な仕事だということをもっと多くの人に知ってほしいです。

ドキュメント 3 不動産仲介を専門とする宅地建物取引士

# 不動産全般の入り口になる宅地建物取引士の資格

野村《のむら》不動産《ふどうさん》ソリューションズ株式会社《かぶしきがいしゃ》
東戸塚《ひがしとつか》センター長
中《なか》山《やま》翔《しょう》太《た》さん

取材先提供

## 中山さんの歩んだ道のり

愛知《あいち》県生まれ。大学の経営学部卒業後、野村不動産アーバンネット株式会社（当時）に入社。在学中に宅地建物取引士の試験に合格。いくつかの支店を経て、2020年から東戸塚センターでセンター長に昇《しょう》格《かく》。公認不動産コンサルティングマスター、宅建マイスターなどの資格を年に1回は取得。高校3年生までサッカー部で活躍《かつやく》し、今は社内のフットサル部で活動。

## 地域密着型の不動産仲介《ちゅうかい》

不動産を借りたい人と貸したい人、あるいは買いたい人と売りたい人の間に立って両者の要望を聞きながら取引をまとめる業務を「不動産仲介《ちゅうかい》」といいます。私が勤める野村ソリューションズは売買専門の総合不動産仲《ちゅう》介《かい》会社。土地や新築・中古の住宅、マンションからビルや工場、倉庫といった事業用物件まで、広範囲《こうはんい》にわたる不動産にかかわっています。そのなかで私は流通事業本部という部署に所属し、主に個人のお客さまメインの売買物件を仲介《ちゅうかい》する業務にたずさわっています。

大学3年生の3月に内定をもらいました。内定時における宅地建物取引士取得のバックアップが充実《じゅうじつ》しており、会社が定める通信講座を受けました。でも、それだけでは受かる自信がなかったので、自主的に夏季講習を受講しました。その甲斐《かい》あって10月の試験で合格できました。

晴れて翌年の4月に入社し、最初に配属になったのは東京都世田谷《せたがや》区にある成城《せいじょう》センターという店舗《てんぽ》です。丸2年在籍《ざいせき》後、同じ世田谷区の烏山《からすやま》センターへ。そこで5年半働いたのち、新規オープンの品川《しながわ》区旗《はた》の台《だい》センターへ異動。現在の神奈川県にある東戸塚センターに移ったのは２０２０年です。ここでセンター長という職にはじめて就くことになりました。

入社から14年。その間に所属する店舗《てんぽ》も役職も変わったのですが、仕事は主に個人のお客さまを対象とした仲介《ちゅうかい》業務。多くは居住用不動産の購入《こうにゅう》・売却《ばいきゃく》のお手伝いをするということなのでほぼ変わっていません。ただ、担当エリアによってお客さまの雰囲気《ふんいき》や希望される物件のタイプなど、いろいろ違《ちが》いました。たとえば、成城センターでは土地柄《とちがら》もあって富裕《ふゆう》層のお客さまが多く、非常に高額な物件を扱《あつか》うことが多かったです。

今、所属している東戸塚センターのある横《よこ》浜《はま》市戸塚区は、古い歴史ある街で昔《むかし》から住んでいる人たちもいます。一方で横浜の副都心として発展を遂《と》げ、今も再開発が進められていて主要駅周辺は大型商業施設《しせつ》も多くあります。それだけに暮《く》らしやすさを求めて、若いファミリーのお客さまも多いのが特色です。

## 売り主と買い主の希望を汲《く》む

仲介《ちゅうかい》業務の一般的《いっぱんてき》な仕事の流れについて簡単に説明します。

不動産を「売りたい」というお客さまからご連絡《れんらく》をいただいた場合、アポイントメントをとって現地を訪問します。なぜ売りたいのかといった理由をお聞きし、お住まいの状況《じょうきょう》などを拝見《はいけん》して、対象不動産の査定をする上で必要な情報を集め、査定金額を提示し、販《はん》売《ばい》金額を提案します。

お客さまの合意が得られたら、媒介契約《ばいかいけいやく》と呼ばれる不動産売却《ばいきゃく》の契約《けいやく》を結びます。その上で自社の不動産サイトや住宅総合ポータルサイトで物件情報を公開したり、折り込《こ》みチラシや店頭での広告を展開します。それらを見た方々からの反応などは、毎週お客さまに状況《じょうきょう》を報告します。

一方、その物件情報を見て、興味がありお問い合わせいただいたお客さまには、すぐに連絡《れんらく》をとります。「物件を実際に見たい」と希望されたら、売主となるお客さまに連絡《れんらく》をとり、日程を調整し、ご案内します。
その後、実際にそのお客さまが購入《こうにゅう》する場合を見据《みす》えて、具体的な費用を算出し、住宅

現地訪問へは車で向かいます

ローンを利用される場合は、ローンの紹介《しょうかい》を行います。いつぐらいから住めるのかといったスケジュールもお出しします。お客さまに希望の間取りや予算などもお聞きし、条件に合った類似物件のご案内もします。

買主となるお客さまからご購入の意向をいただき、売主となるお客さまとの条件交渉を行い、双方合意すれば、売買契約《けいやく》に向けた手続きに進みます。契約《けいやく》前には必ず「重要事項《じこう》説明」*を行います。これができるのは唯一、宅地建物取引士のみとなっています。

## 「本当」を語る誠実さが信用に

仲介《ちゅうかい》というのは基本的に営業職になります。どれだけ契約締結《けいやくていけつ》（売買）のお手伝いをしたかがそのまま営業成績になります。入社1、2年目の頃《ころ》はなかなか結果が出せず、目標と

＊**重要事項説明**　不動産の購入者や賃借人が損をしないよう、契約前にその不動産についての重要事項説明書を交付し、説明を行うこと。

している売上数字も達成できず、つらい時期もありました。同期と比較《ひかく》されたり、また自分でも比べてしまったり。「もしかして私には合っていないのかな」と悩《なや》んだ時期もありました。それが3年目ぐらいからお客さまとのやりとりも楽しめるようになり、それに比例して営業成績も伸《の》びてきました。今はけっこう自分に合っている仕事なのではないかと思っています。

これは私だけかもしれませんが、お客さまが判断に迷われた時こそ、私たちの力が試されるのではないかと感じています。

たとえば、「このマンションで空室が出たら、どの部屋でも買いたいです」というお客さまもいらっしゃいます。とはいえ、不動産の購入《こうにゅう》はやはり何千万円もする高額な買い物。お客さまによっては本当に欲していた物件がいざ購入《こうにゅう》できることになった途端《とたん》、「本当にこの物件でいいのか」と判断がつかず、悩《なや》まれることもあります。

そういう時に、その方がよりよい選択《せんたく》がで

仕事ではこれらのアイテムが欠かせません

きるように正しい情報を提供するのが私たちの役目。宅地建物取引士の資格をもつ不動産のプロとして、「この物件は適正価格です」「こんなデメリットがあるけれど、こういうメリットもあります」と伝えます。「中山さんだったらどうする?」と聞かれることも多いのですが、そんな時は、本当に自分がお客さまの立場だったらこの物件に決めるかどうかを真剣《しんけん》に考えてお答えしています。

土地を購入《こうにゅう》していざ建物を建てる段階で、実は*地盤《じばん》改良工事が必要で想定外の費用がかかるというケースもあります。そのことを事前に伝えないまま売買契約《けいやく》となり、「重要事《じ》項《こう》説明」の段階ではじめてお話しした場合、どうなるでしょうか。お客さまは余計な費用がかかることを知らないので、がっかりした気持ちになります。せっかく芽生え始めていた信頼《しんらい》もすぐにくずれてしまいます。

こうした細かな注意事項《じこう》が不動産売買にはたくさんあります。ですから、すべてお伝えすることは難しくても、少なくともそのお客さまが不安に感じやすそうな情報、たとえば、周辺の都市開発の進捗《しんちょく》、洪水ハザードマップの情報などは、できるだけ早い段階で正確にお伝えしておく。それもまた、宅地建物取引士の使命だと思います。お客さまが何に不安を感じそうかをキャッチするためには、何度も会話を重ねることが当然必要です。

## お断りするという誠意も大事

これまでにさまざまなお客さまと接してきましたが、売買物件にたずさわる宅地建物取引士として何を優先すべきかという判断の基準があります。その基準について山本《やまもと》さま

＊**地盤改良工事**　住宅を建てる前に地盤工事を行い、必要に応じて地盤に人工的な改良を加えること。土地の液状化などによって建物が傾いたりするのを未然に防ぐために行う。

（仮名）というお客さまから実体験で学ばせていただきました。

山本さまとはじめてお会いし、最初に成約させていただいたのは成城センターに在籍《ざいせき》中の新人時代でした。それから2年が経った頃《ころ》、ご連絡《れんらく》をいただき、ご実家の売却《ばいきゃく》を考えているので相談に乗ってほしいといわれました。

ただ当時、私は烏山センターにいて、山本さまのご実家とはかなり離《はな》れています。無理をしてお引き受けすることもできましたが、ご実家のあるエリアの担当のほうがより適切な対応ができると思い、そちらの営業所の人間を紹介《しょうかい》したいとお伝えしました。すると「中山さんでないなら」とご実家近くの不動産仲介《ちゅうかい》会社に依頼《いらい》されることになりました。

それから半年後、「まだ売れていない」とご連絡《れんらく》をいただきました。そこで、私がサポートで入ることをお約束《やくそく》し、ご実家近くにある弊社《へいしゃ》の店舗《てんぽ》をご紹介《しょうかい》したところ、ひと月で物件売却《ばいきゃく》が成立しました。

その1カ月後、山本さまから新たなご相談がありました。「老後の安定収入のため、売《ばい》却《きゃく》資金をもとに1棟《とう》アパートを買いたいので、ぜひあなたに担当をお願いしたい」と。ありがたかったのですが、投資用物件に関しては専門部署があり、そちらのほうがより適切な提案ができると思ったので、再び私は橋渡《はしわた》し役に徹《てつ》しました。

営業として自分の成績を上げることを優先するなら、どちらも私が担当になったほうがよかったと思います。でも、もっともお客さまの満足につながる方法はどれかと考え、そのような判断をしたわけです。何に重きを置いて判断することが大切なのか学ぶことができ、山本さまには本当に感謝しています。

もちろん今はセンター長という立場になり経験も積み重ねてきたので、同じようなこと

部下の仕事相談にも気軽に乗ります

でも自分で対処できると思います。

２０２０年から東戸塚センター長になりましたが、今までのように営業活動も行っています。ただ、これまでの経験の積み重ねがあり、以前担当したお客さまからご連絡《れんらく》をいただくことが多くなりました。センター長になってからは、そういったご縁《えん》から結果的に成約につながることが増えました。

店舗《てんぽ》のメンバーたちにも、さまざまな経験をしてもらうようにしています。彼《かれ》らにも、「お客さまを主語にして、お客さまが喜ぶ、お客さまが満足する。そのために自分に何ができるかを考えてほしい」と言っています。

また、山本さまのように一度限りの取引で終わらないお客さまが年々増えていきます。いろいろなお客さまと出会えるのがこの仕事のおもしろさです。それこそ新人時代は、元

大手企業《きぎょう》の役員で定年退職して住み替《か》えをされたお客さまから、「仕事とは何か」「社会人としてこうあるべきだ」とお話しいただいたことは、今でも私が仕事をする上での指針になっています。

こんなふうにさまざまな職業の方々とお会いするのですが、その人たちの仕事の顔ではなく、プライベートな一面を垣間《かいま》見られることも、この仕事の特権だと思っています。

## 宅建士の資格はあくまでスタート

烏山センター時代なので25歳《さい》前後の頃《ころ》のことです。当時の上司に「不動産業の人は宅建の資格を取りさえすればよいと思って勉強しなさすぎる。宅地建物取引士の資格はゴールではなく、あくまで不動産のプロになるためのスタート地点。そのことを肝《きも》に銘《めい》じて勉強し続けることが大切だ」と口酸っぱく言われました。それ以来、いろいろな資格を取ることで勉強しています。

資格取得や情報のアップデートは常に心がけます

不動産に関する資格って案外多いんです。これまでに公認不動産コンサルティングマスター、2級ファイナンシャル・プランニング技能士、住宅金融《じゅうたくきんゆう》普及協会《ふきゅうきょうかい》認定住宅ローンアドバイザー、競売《けいばい》不動産取扱《とりあつかい》主任者、宅建マイスターなどを取得しています。

といっても資格取得よりも、それまでの間に勉強したことで得た知識やスキルを実務で活かすことのほうが大切です。それだけでなく、情報のアップデートも随時《ずいじ》行っています。自主的に学ぶ姿勢があれば、お客さまに満足してもらえるようになりますし、なにより自分自身を成長させることもできます。

数年前までは、「家は一生に一度の大きな買い物」などといわれていました。しかし、時代が変わり、それぞれの価値観が多様化したこともあって、昨今は自身のライフスタイルに合わせて住み替《か》える人も増えてきました。新築ではなくあえて中古物件を購入《こうにゅう》し、リノベーションして自分らしい暮《く》らしをするといったお客さまたちも増えています。

そういったお客さまに安全で満足して取引をしていただけるよう、〝なんでも屋〟となって仕事をしていきたいと思っています。

ちなみに不動産業にたずさわる大半の人は土日も仕事をしています。休日は水曜と平日のもう一日。ただ、ゴールデンウイークや夏休み、冬休みはしっかりありますし、有給休《きゅう》暇《か》も取れています。私は海外旅行が趣味《しゅみ》で、半年に1回は出かけています。同期とハワイに行って、現地の物件を見学したりしたこともあります。最近は、また海外へ行きたいなと思っているところです。

ドキュメント 4 まちおこし、地域活性化に取り組む宅地建物取引士

# 不動産業はまちづくり業。人の暮らしを支える仕事

株式会社《かぶしきがいしゃ》フラットエージェンシー
総務課／まちづくり推進室
鈴《すず》木《き》希《き》咲《さき》さん

## 鈴木さんの歩んだ道のり

東京都生まれ。京都《きょうと》の大学で情報デザインを学ぶ。大学卒業と同時にフラットエージェンシーへ入社。2年間、賃貸営業にたずさわった後、集客対策チームの配属となる。その後、広報課とまちづくり推進室を兼務《けんむ》し、さらにまちづくり推進室はそのまま広報課から総務課へ異動。宅地建物取引士は入社3年目に合格。写真を撮《と》るのが好き。

## 地域おこしを実践《じっせん》する不動産会社

私が勤めるフラットエージェンシーは京都市の北部に本店があり、周りには立命館《りつめいかん》大学や京都産業《きょうとさんぎょう》大学など数々の大学があります。

メインの事業は、学生や社会人、ファミリー層向けの賃貸物件の仲介《ちゅうかい》・管理。つぎに不動産の売買が多いのですが、「不動産業はまちづくり業だ」と定義し、地域コミュニティーや商店街の活性化に意欲的に取り組んでいます。京都に10万戸以上あるといわれている京町家の空き家問題や、古いビルを再生できる仕組みづくりにも力を入れ、地域社会のにぎわいにつなげていこうとしています。

私は東京都出身ですが、デザインやアートに興味があり、京都の大学の情報デザイン科へ進学しました。在学中、「地域の問題、課題をデザインでどう解決するか」を学ぶゼミに参加して以降、私の中で「地域」というワードが大きく広がっていきました。フラットエージェンシーは不動産会社ですが、さまざまな地域課題に取り組んでいます。そこに惹《ひ》かれ、大学卒業と同時に入社しました。

## 不動産のイロハを営業部で学ぶ

最初に配属となったのは営業部です。賃貸営業の担当となりました。新人が営業を経験することは不動産会社では一般《いっぱん》的《てき》なキャリアパス。いきなりまちづくりにかかわるのではなく、会社のメイン事業に先にふれることができてよかったと今も思っています。

賃貸の営業担当は、来店されたお客さまから希望するお部屋の条件をお聞きするところから仕事が始まります。専用のシステムでいくつか物件を探し、お客さまが気になる物件があれば、実際に見ていただくため、現地までご案内します。

その後、お客さまが借りる部屋を決めたら家主さまに連絡《れんらく》し、承諾《しょうだく》を得た後、契約《けいやく》に移行します。契約《けいやく》が成立したら引《ひ》っ越《こ》し日にカギを渡《わた》して終了《しゅうりょう》というのが大まかな流れです。そういったやりとりをお客さまが来店されるたびにくり返します。京都という土地柄《とちがら》、学生のお客さまが多く、新人の私は年が近いこともあって、接客というより物件を見ながら、あれこれおしゃべりしている感覚があって楽しかったです。

入社1年目の終わり頃《ごろ》、学生時代にデザインを学んでいたこともあり、当社の「京都トンガリエステート」というサイトの運営も任せてもらうことになりました。

多少築年数が経った古い物件でも家主さまのこだわりが感じられる部屋や、京都ならではの雰囲気《ふんいき》が漂《ただよ》うような部屋などをインターネットなどで探し出し、見つけたら現地へ出向いて写真を撮《と》って文章を添《そ》えてサイトで紹介《しょうかい》するという仕事です。物件紹介《しょうかい》の文章もかなり自由に書かせてもらえました。たとえば、広いリビングの真ん中に北山杉《きたやますぎ》でできた大黒柱のある物件では、「ここで子どもたちがくるくるまわって遊びそうですね」と自分が想像したことを書いたりして。今はほかの社員が担当していますが、個人的にも大好きなサイトなのでちょくちょくのぞいています。

## 信頼《しんらい》を得たくて宅建士の資格取得

賃貸営業を担当していた頃《ころ》、心苦しいことがありました。宅地建物取引士の資格をまだ取得していなかったがゆえ、最後の最後までお客さまを担当できなかったことです。

　お客さまが部屋を気に入り、借りてくださることが決まると、賃貸契約日《けいやくび》前に部屋を借

さまざまな部署と情報交換をします

りるにあたっての注意事項《じこう》などをまとめた重要事項《じこう》説明を不動産会社が行うことが義務づけられています。この行為《こうい》ができるのは宅地建物取引士の資格をもっている社員だけ。いくら自分が成約したお客さまでも、重要事項《じこう》説明の段階になると資格をもつ社員と交代してもらっていました。

　私が担当させていただいていたのに、急にほかの社員と交代になるので、お客さまと気まずい雰囲気《ふんいき》になることも。ちゃんとお客さまから信頼《しんらい》される接客がしたくて、3年かけて資格を取得しました。

　試験が10月で合格通知が届いたのが12月。ちょうど近隣《きんりん》の大学へ入学する学生さん対象の「下宿相談会」が真っ盛《さか》りの時期でした。接客人員不足ということで私も営業店の支援《しえん》に。それが宅地建物取引士としての「重要事《じ》

項《こう》説明」デビューです。特に学生さんの保護者から、資格をもっていることで安心していただくことが多かったです。

## 集客対策チームを兼任《けんにん》

入社して3年目に、営業部の中に新設された「集客対策チーム」の一員になりました。自社ホームページなどネットやSNS（ソーシャルネットワーキングサービス）をもっと強化し、うまく活用していこうということで立ち上がった部署です。弊社《へいしゃ》が扱《あつか》う物件が自社ホームページや住宅ポータルサイトでどう見えているかを検討し、写真が古かったり見づらいものは、お客さまが問い合わせたくなるような目線を意識して撮《と》り直しました。物件説明にもよくある「バストイレ別です」「中はきれいです」といった文言だけでなく、周辺のまちのようすなども伝える工夫をしました。

この「集客対策チーム」は翌年の7月、広報課と名称《めいしょう》を変更《へんこう》しました。業務内容としてはさほど変わりはなく、「集客対策チーム」でたずさわっていたサイト関連の見直し業務を続けていました。ちょうど同じタイミングで社内の各部署から集まったメンバーで構成する「まちづくり推進室」が発足し、そのメンバーに加えてもらいました。いよいよ私がやりたかったまちづくりにかかわるチャンスが到来《とうらい》したわけです。

## 地域活性化も不動産業のつとめ

最初にお話ししたように、私が入社する前からフラットエージェンシーはみずからを「まちづくり業」と定義し、さまざまなかたちの地域おこし、まちづくりを行っていました。「空き家を仲介《ちゅうかい》するだけでなく、地域活性につなげたい」という思いのもと、2014年にオープンしたのが京都市北区の地域の交流サロン「TAMARIBA（たまりば）」。カフェや多目的スペース、ヘアーサロンなどがあり、今なお地域の人たちに愛されている場所になっています。

また、家主さまとともに本社周辺にある紫《むらさき》野《の》、紫竹《しちく》と「紫《むらさき》」がつく一帯を「むらさきエリア」と名づけ、活性化につとめています。特に力を入れているのが新大宮《しんおおみや》商店街。今から7年ほど前、私はまだ入社していなかったのですが、当時のこの商店街は、高齢《こうれい》化や大型ショッピングモールなどの影響《えいきょう》でシャッター街になってしまい、さびれかけていたそうです。

そこで弊社《へいしゃ》のテナントを専門にしていた営業担当がまちのにぎわいを復活させるべく、商店街のお店を一軒一軒《いっけんいっけん》訪ねて歩き、「もし、お店を使っていないのであれば、このスペー

「TAMARIBA」でイベントが開催されているようす　取材先提供（以下同）

スを、この界隈《かいわい》に魅力《みりょく》を感じている若い人たちに低額な賃料で貸し出してもらえないか」とたずねてまわったそうです。幸いその呼びかけに賛同してくれるお店がどんどん現れました。「新大宮商店街が出店ラッシュ」と新聞に取り上げられるほどだったそうです。

新大宮商店街の活性化のための取り組みのひとつに「新大宮広場」プロジェクトがあります。商店街の一角で民家4軒《けん》が取り壊《こわ》されて空き地になった場所に、地主さまをはじめ、地域のさまざまな人たちの協力を得て、誰《だれ》もが気軽に集まれる広場をつくったのです。

その事実を入社してから知り、いい会社に入ったなと感動しました。ふつうだったら地主さまは収益のある駐車《ちゅうしゃ》場やアパートを建ててしまうところですが、そうしなかった地主さまの姿勢にも頭が下がりました。

「新大宮広間」の外観

ちなみにこの広場には移動販売《はんばい》車が気軽に商売できるマルチガレージや、これから起業したいと考えている人たちがお試しで出店できるレンタルスペース、レンタルキッチンもあります。土日の出店やイベントだけでなく、平日にも多く利用いただき、さまざまな人が集まってにぎわっています。

この広場に姉妹施設《しせつ》として19年に誕生《たんじょう》したのが「新大宮広間」です。まちづくり推進室メンバーとして私もかかわりました。商売をしたいとか、何か情報発信したいといったことがなくて全然かまわない。どんな人もなんとなくふらっと立ち寄って、セルフサービスのコーヒーを飲んだり、談笑したり、ホッとひと息つける休憩所《きゅうけいじょ》のような「広間」になっています。

## 「むらさきスタイルプロジェクト」で動画配信

この「新大宮広間」を拠点《きょてん》に地域の魅力《みりょく》を発信するため、地域で活躍《かつやく》する人たちを取材し、動画の制作と配信も担当しました。

商店街の人たちを取材するのはとても楽しいです。賃貸営業をしていた頃《ころ》は、まちの情報を入れたとしても「スーパーが近い」「ドラッグストアがあります」ぐらいでした。でも、取材するようになり、たとえば「○○店のお豆腐《とうふ》は安くておいしい」といった具合に、より生活に根ざした情報や、自分がまちで感じたことなどをもち帰って動画にまとめたり、弊社《へいしゃ》のブログに掲載《けいさい》しています。

「むらさきエリア」に関しては、生活に直結するようなさまざまな情報を的確にお客さまにお伝えできる自信があります。そのため、そろそろ賃貸営業もやりたいなと思っているところです。

## 総務課で社内広報

私は「まちづくり推進室」にかかわりつつ、2022年に広報課から総務課へ異動になりました。ここでは社内広報を主に担当しています。弊社《へいしゃ》には八つの事業所があり、約100名のスタッフが働いています。同じ京都市内ですが、建物や部署が変わるとお互《たが》いに何をしているのか知らないままです。

弊社《へいしゃ》はさまざまなプロジェクトが動いているので、そういった情報共有をもっとしっかりやっていきたいということで私に白羽の矢が立ったようです。期待に応えるべく私はさまざまな部署に顔を出しては、業務内容や、その部署が進めているプロジェクトの話を聞いては、LINEなどを活用して随時《ずいじ》社内へ情報発信を行っています。

また現在は、DX（デジタルトランスフォーメーション）化を進めていて、そのプロジェクトにもかかわっています。DXとはデジタル技術を活用し、会社の業務を効率化すること。社長は「へとへとからワクワクへ」と言っています。DX化が進むことによって業務を改善できれば、残業時間も減りますし、部署間の連携《れんけい》もより円滑《えんかつ》になるはず。そのために今、各部署に業務内容や流れのヒアリングも行っています。

## 人びとの暮《く》らしを彩《いろど》る仕事

こうしてみると賃貸営業以外、ほとんど宅地建物取引士の資格を活かした仕事はしていません。しかし、弊社《へいしゃ》の社員の半数以上は宅地建物取引士の資格をもっています。不動産会社に籍《せき》を置いているのだからもっているのがあたりまえという認識です。

　不動産会社と聞くと堅苦《かたくる》しいイメージですが、私たちの仕事は「人の暮《く》らしを考えることだと思っています。人びとの暮《く》らし、まちづくりを支える役目を担っている私たちだからこそ、不動産業の基礎《きそ》となる宅地建物取引士の資格で得た知識は必須《ひっす》だと思います。

　これは京都という土地柄《とちがら》や、ちょっと風変わりな物件を扱《あつか》っている当社ならではの特色なのかもしれませんが、ただ単に「ペットが飼《か》える部屋に住みたい」ではなく、「ペットといっしょに川沿いを散歩できるようなところに住みたい」など、実際に自分がどう暮《く》らしていきたいかを考えた上でお部屋探しに来てくださるお客さまが多い印象です。

　そのお手伝いをするのが私たち不動産業にたずさわる人間の仕事。中学生、高校生のみなさんも自分がどんなふうに暮《く》らしたいか、そんなことを考えるところから不動産に興味をもってくれるとうれしいです。

まち紹介の動画を撮影することもあります

# 2章

# 不動産鑑定士の世界・なるにはコース

不動産業とは

# 私たちの暮らしには欠かせない土地や建物にかかわる産業

## 不動産とは動かすことのできない財産のこと

土地や建物など動かすことのできない財産のことを不動産といいます。これは法律で決まっていて、民法第86条第1項《こう》で「土地及《およ》びその定着物は、不動産とする」と定義されています。地球上において海など一部を除いてすべてが土地であり、山林や原野、農地、宅地などに分類されています。定着物とは、主に屋根や壁《かべ》で囲まれていて、簡単に移動させられない建物を指します。一方、「不動産以外の物は、すべて動産とする」と定義されています。

私たちが生活したり、子育てをしたり、学んだり、ものをつくったり、仕事をしたりする場所すべてが不動産です。私たちは不動産なくして生きていくことはできません。それだけ私たちと深くかかわっている不動産を対象とするのが不動産業です。

## 不動産にはさまざまな仕事がある

不動産業では、商業施設《しせつ》やオフィスビル、マンション、戸建て住宅といったさまざまな建物や土地を取り扱《あつか》い、開発、流通（売買・賃貸仲介《ちゅうかい》）、管理といったそれぞれの事業に分かれています。

開発を行うのはデベロッパーと呼ばれる事業者です。マンションや商業施設《しせつ》の企画《きかく》から土地の取得、資金の確保などが主な業務となります。

売買仲介《ちゅうかい》、賃貸仲介《ちゅうかい》は不動産会社の業務になります。街でよく見かける「不動産屋さん」が主に不動産会社になります。建物や土地を買いたいと希望する人と売りたい人、または借りて利用したい人と貸したい人をつなぐのがメインの業務です。3章でくわしくお伝えしますが、ここで活躍《かつやく》しているのが宅地建物取引士になります。宅地とは、本来は建物を建設するための土地を指しますが、実際には山林や農地の取引にも宅地建物取引士はかかわっています。

また、管理というのは建物の設備管理やテナントの誘致《ゆうち》、賃料の回収やトラブルに対応する業務のことです。個人で営む不動産会社では不動産売買・賃貸仲介《ちゅうかい》業務とともに不動産管理も行っているところもありますが、管理だけを請け負《う》う不動産管理会社も多数あります。

## 土地や建物の価値を評価する不動産鑑定《かんてい》業

日本《にほん》だけでも無数の不動産、すなわち土地や建物が数え切れないほどあるわけですが、それぞれにどれだけの価値があるのか、何かしらの基準となるものが必要です。たとえば、土地の所有者が「この土地はいくらで売れるんだろうか」と思っても、個人では判断がつきません。

そこで、実際に「これぐらいの価格です」と、土地なり建物なりの価値を評価する業種を不動産鑑定業といいます。この業務を担うことができる唯一《ゆいいつ》の存在が、不動産鑑定士となります。

## 不動産にかかわる独占《どくせん》業務を担う二大資格

不動産鑑定士と宅地建物取引士は、両方とも不動産業のかなり重要な業務を担っています。役割は根本的に異なりますが、国家資格であり、しかも独占《どくせん》業務を担っている点において、共通しています。

**図表1** 不動産とは土地や建物すべて

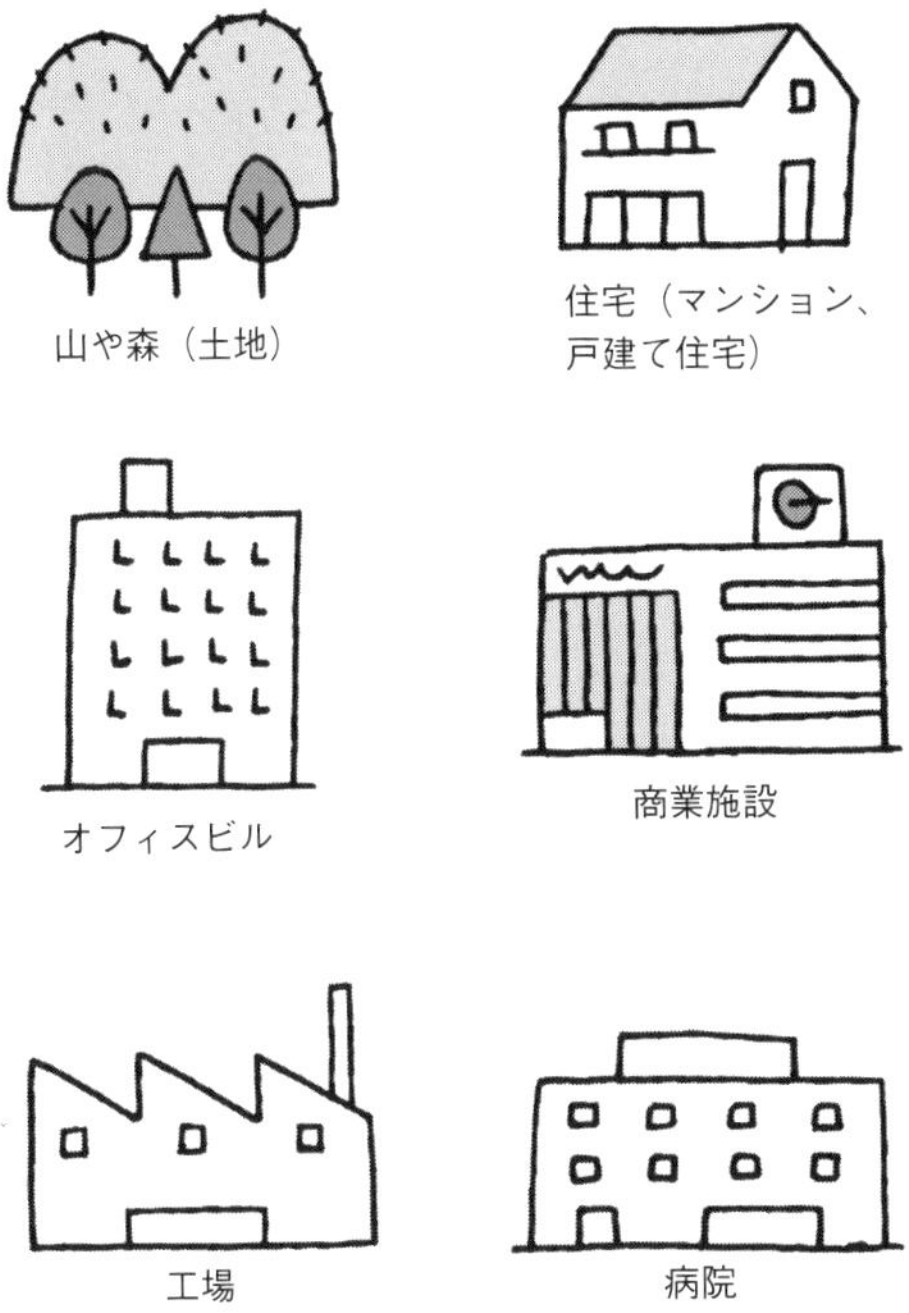


そのほか、学校やショップ、駅、空港などさまざまな建物がありますが、それらの土地や建物はすべて不動産です。

不動産鑑定士は、不動産の価値を評価する「鑑定評価」が独占《どくせん》業務です。一方、宅地建物取引士は、不動産取引時に義務づけられている「重要事項《じこう》説明」が独占《どくせん》業務となっています。

不動産業を担う二大資格のうち、2章ではまず不動産鑑定士についてくわしくお伝えしていきます。

不動産鑑定士の誕生から現在まで

# 中立の立場で不動産を評価できる唯一無二の存在

## 1963年に誕生《たんじょう》した不動産鑑定士

1960年代の日本は高度経済成長の真っただ中。空前の好景気によって全国的に工場地の需要《じゅよう》が増え、東京《とうきょう》、横浜《よこはま》、名古屋《なごや》、大阪《おおさか》、京都《きょうと》、神戸《こうべ》といった六大都市では工場地の地価が高騰《こうとう》しました。当時は明確な地価の指標がなかったため、際限なく土地は値上がりしました。こうした状況《じょうきょう》が続くと国民の経済活動によくない影響《えいきょう》を及《およ》ぼすと考え、国が対策に乗り出します。

そこで1963年に誕生《たんじょう》したのが、「不動産の鑑定評価に関する法律」です。土地などの不動産の適正な価格を形成する目的で、不動産の鑑定評価制度や、不動産鑑定士の国家資格、および不動産鑑定業の必要事項《じこう》が制定されました。不動産鑑定士はここから始まりました。

## 1969年、地価公示法が制定される

適正な地価の形成のため、地価公示法が制定されたのが1969年のこと。地価公示とは、土地の価格を公示する制度です。地価公示によって公表される価格を公示価格といいます。

公示価格は全国で約2万6000地点ある標準地と呼ばれる土地の価格です。当時はもう少し標準地は少なかったかもしれませんが、いずれにしてもひとつの標準地について2人以上の不動産鑑定士が鑑定評価し、適宜《てきぎ》必要な調整を行いながらも正常な価格を判定し、公示することが法律によって定められたわけです。これによって一般《いっぱん》に不動産の地価の基準を知ることができるようになり、公示価格は不動産取引の指標として活用されるようになりました。この評価を不動産鑑定士が担当することになったわけですが、これは今も続いており、不動産鑑定士にとって重要な業務のひとつになっています。

## 経済動向に左右され、地価も乱高下をくり返す

60年代後半、日本最初の超高層《ちょうこうそう》ビル「霞《かすみ》が関《せき》ビルディング」が竣工《しゅんこう》して以降、東京には

高層ビルが相次いで立ち並《なら》び、１９７０年には大阪《おおさか》万博《ばんぱく》が開催《かいさい》され、日本経済はますます発展していきます。１９７２年頃《ごろ》からは、日本列島改造論によって都市部だけでなく、全国の住宅地の価格が高騰《こうとう》します。ところが翌年の第一次オイルショックで景気が悪くなると一気に地価も暴落してしまいます。その状況《じょうきょう》を打破すべく、１９７４年に、重要な国の資源である国土の総合的かつ計画的な利用促進《そくしん》のため、「国土利用計画法」が制定されました。これによって地価の急落を抑《おさ》えることができ、順調に日本経済は発展、人びとの生活はより豊かで便利なものへとなっていきました。

１９８５年、ドル高是正《ぜせい》に向けたG５によるプラザ合意が発表されます。それとともにバブル景気が到来《とうらい》。商業地を中心に地価が急上昇《じょうしょう》。しかし、やがてバブルが崩壊《ほうかい》すると地価変動率はマイナスになり、山一證券《やまいちしょうけん》の破綻《はたん》などを生み出していきました。

## バブル崩壊後《ほうかい》、適正な時価へ導いたのは国と不動産鑑定士

バブル崩壊後《ほうかい》の1991年、自治省《じち》（現・総務省《そうむ》）は、固定資産税評価に不動産鑑定評価を導入。1994年には、国税庁《こくぜいちょう》が相続税路線価の標準地の一部に不動産鑑定評価を導入しました。これらによって、資産の時間的な価格変動に対応した適正な均衡《きんこう》のとれた価格「適正な時価」へと地価を導くことができました。もちろん、これらの鑑定評価にたずさわっているのは不動産鑑定士です。

その後、日本経済再生のため、1999年に民事再生法、2000年に「資産の流動化に関する法律」などが制定されたのですが、これらにも不動産鑑定士の知識とスキルが求められました。

## 2001年に始まった不動産投資信託《しんたく》にも不動産鑑定士が貢献《こうけん》

2001年からJ-REIT（ジェイリート：Japan-Real Estate Investment Trust）という不動産投資信託《しんたく》が始まりました。不動産ファンドが多くの投資家たちから集めた資金で、オフィスビルや商業施設《しせつ》、マンションなど複数の不動産を購入《こうにゅう》し、その賃貸収入や売買に

よる収益を投資家に分配するというものです。一般《いっぱん》の投資家たちは不動産に関するプロではないので、ここでも不動産の鑑定が必須《ひっす》となっており、不動産鑑定士がJ-REITにも深くかかわっています。

## 不動産業界において重要な責務を果たす

不動産業界の市場規模は2021年現在で年間約49兆円となっています。2013年から市場規模は着実に拡大していたのですが、新型コロナウイルス感染症《しょう》拡大の影響《えいきょう》もあって2019年を境に減少傾向《けいこう》にあるのが現状です。

しかし、その一方で不動産投資に関する市場規模は年々拡大しており、国土交通省が発表している「不動産証券化の実態調査」によると、2021年現在での不動産証券化の資産総額は約46・8兆円となっています。

こうした不動産投資をはじめ、不動産を担保にしたファイナンスなどにおいて、必ず会計や財務諸表への監査《かんさ》が求められるのですが、そこでも不動産の適正評価は必須《ひっす》です。さらにグローバル化が進む現代において、海外事業においても鑑定評価は役に立っています。つまりさまざまな分野で不動産鑑定士への需要《じゅよう》が高まっており、またその果たすべき役割に関しても期待されています。

不動産鑑定士の役割と仕事

# 地球環境や社会情勢などを考慮し適正に不動産価値を評価する仕事

## 不動産鑑定士の役割

土地や建物は、値札が貼《は》ってある小売店やスーパーマーケットなどの商品とは違《ちが》い、適正な価格がわかりづらいものです。特に売買や賃貸など不動産を取引する場合、だいたいいくらぐらいでやりとりするのがいいのか相場がわからず、極めて判断が難しいです。そのため、国が国民の生活の安定をめざし、不動産を鑑定する専門家を設置しました。

不動産鑑定士は、私たちが暮《く》らす土地や建物など不動産を調査し、評価・判定して適正な価格を算出し、「不動産鑑定評価書」という公式の書類にできる唯一無二《ゆいいつむに》のスペシャリストです。「不動産の鑑定評価に関する法律」にもとづいて国家試験を実施《じっし》し、能力を認められたものだけに資格が与《あた》えられ、不動産鑑定を行うことが許されています。

**図表2** 不動産鑑定士とは

不動産鑑定士は法律にもとづいて制定された国家資格
↓
法律で不動産鑑定士ではない人が鑑定評価を行うことは禁止となっている
↓
不動産の鑑定評価は不動産鑑定士の独占業務であることが法律で定められている

※もし、不動産鑑定業者の登録がないまま不動産鑑定業を営んだ場合、１年以下の懲役、もしくは100万円以下の罰金が科せられます。

よく不動産会社の広告で「お宅のマンションを無料で査定します」といううたい文句があったりしますが、宅地建物取引業者である不動産会社が不動産の価値を算出し、それによって報酬《ほうしゅう》を得た場合は罪になります。だから「無料」なのです。

また、不動産鑑定士は、地球環境《かんきょう》や諸条件を考慮《こうりょ》した上で「不動産の最有効使用」を判定し、適正な地価を判断するという責務も担っています。つまり、不動産の適正価格だけでなく、適正な利用についてのスペシャリストでもあるわけです。

## 不動産鑑定士の仕事

不動産鑑定士にとってメインとなるのはやはり不動産鑑定業務になります。国や地方自治体、さらには不動産を所有する民間企業《きぎょう》、相続で困っている個人など、さまざまな立場の方から依頼《いらい》を受けます。依頼《いらい》を受けるとつぎの手順で鑑定評価書を作成していきます。

**1 土地や建物などの鑑定評価を依頼《いらい》される**

**2 現地へ行く** 適正な価格を算出するために、不動産鑑定士みずからが対象不動産（現地）を見に行きます。

**3 対象不動産を調査する** 自分の目で確かめるのはもちろん、写真を撮《と》ったり、メジャーで測ったりしてとことん調査します。周辺の住環境《じゅうかんきょう》や商業施設《しせつ》などもチェックします。街の写真なども撮《と》ります。

**4 地域の役所へ行く** その土地に建物を建てる際の法的制限の有無や、周辺の都市開発計画などを市町村の役所やその地域にある法務局を訪ねて調べます。

**5 対象不動産の鑑定評価額を決定する** 情報を集めるだけ集めたら、それらをもとに分《ぶん》析《せき》を行い、経済状況《じょうきょう》や社会情勢なども考慮《こうりょ》し、鑑定評価手法を適用して、対象不動産の評価額を決定します。その結果を鑑定評価書にまとめ、不動産鑑定士のサインを入れて依《い》頼《らい》者に発行します。

このような手順で不動産の価値を調べてそれを書類にまとめ、第三者に伝えて報酬《ほうしゅう》を得るという行為《こうい》が許されているのは、不動産鑑定士だけです。

ただし、誤解がないように説明しておくと、実際の土地の売買は自由契約《けいやく》が原則です。

**図表3** 鑑定評価書の作成の手順

不動産鑑定士が「適正価格はいくらです」と提示しても、依頼《いらい》者の諸事情でまったく違《ちが》う価格で売買されることもあるわけです。

ただ、その場合でさえも、目安になる適正価格は必要になります。不動産鑑定士の仕事は不動産取引の基準を示すという意味で、非常に社会的意義のある仕事だといえます。

鑑定評価の依頼《いらい》先は、大きく公的機関からと民間からに分かれます。

## 公的評価

国が実施《じっし》する「地価公示」や、都道府県が実施《じっし》する「都道府県地価調査」、国税庁が行う「相続税評価」、そして市町村が行う「固定資産税評価」があります（図表4）。

なかでも不動産鑑定士にとって大きいのが、「地価公示」です。国土交通省《こくどこうつう》が毎年、定期的に実施《じっし》し、土地の価格を発表し続けているものですが、実際にその土地へ出向き、土地の価格を評価しているのが、不動産鑑定士なのです。

必ず調査すべき地点が全国に2万6000地点あり、それらを一斉《いっせい》に全国各地の不動産鑑定士が調べて鑑定し、公示価格を決定します。

地価公示のための調査・作業は毎年8月ぐらいからスタートし、1月に終了《しゅうりょう》。3月に1月1日時点の価格として公表されます。都道府県地価調査は毎年4月から始まり、7月に終了《しゅうりょう》、相続税評価は10月下旬《げじゅん》に始まり、1月に終わります。各市町村が行う固定資産税評価は3年に一度行われるものです。

こうした定期的な公的評価に加え、国やそれぞれの自治体から「道路を拡幅《かくふく》したいため、道路予定地を購入《こうにゅう》したいので、鑑定評価してほしい」など、公共事業にともなって依頼《いらい》されることも多いです。特に地方では、民間からの依頼《いらい》が少ないため、全仕事における公的

**図表4 公的土地評価の比較**

| 区分 | 地価公示（国土交通省） | 都道府県地価調査（都道府県） | 相続税評価（国税庁） | 固定資産税評価（市町村） |
|---|---|---|---|---|
| 評価機関 | 国土交通省土地鑑定委員会 | 都道府県知事 | 国税局長 | 市町村長 |
| 目的 | 適正な時価の形成 | 土地取引の規制 | 相続税・贈与税課税 | 固定資産税課税 |
| 求めるべき価格 | 正常な価格（地価公示法２条１項） | 標準価格（国土利用計画法施行令９条１項） | 時価（相続税法22条） | 適正な時価（地方税法341条５号） |
| 価格（調査）時点 | 毎年１月１日 | 毎年７月１日 | 毎年１月１日 | 基準年度の前年の１月１日（３年に一度評価替え）<br>※地価動向により価額を（下落）修正することができる（毎年）。 |

評価の占《し》める割合は大きいです。

## 民間評価

民間企業《きぎょう》や個人からの鑑定依頼《いらい》は、不動産売買の参考にする場合や資産評価、担保評価などが中心です。最近は不動産の金融《きんゆう》商品化が進んできたこともあり、証券化するための評価依頼《いらい》も増えています。

## コンサルティングや調査・分析《ぶんせき》なども不動産鑑定士の仕事

不動産鑑定士は、不動産の適正な利用についてのスペシャリストでもあるので、広く個人や企業《きぎょう》からの「土地を有効活用するため、何をしたらいいでしょうか」「この土地を売ったほうがいいか、所有し続けたほうがいいか」などといった相談に乗ったり、大規模な商業施設《しせつ》を建設するような開発計画の策定に際して総合的なアドバイスをしたりといったコンサルティング業務も行っています。土地の市場状況《じょうきょう》や経済情勢を理解しておけば鑑定評価できるため、国内だけでなく、海外の不動産に関するコンサルティングにたずさわることもできます。

また、オフィスや住宅、商業ビルなどの賃料動向や、ビルに入っているテナントの家賃負担率を調査して分析《ぶんせき》するといった業務もあります。

鑑定評価の知識とスキルは、不動産以外の資産を評価する際にも応用が効くということもあって、そういった依頼《いらい》も年々増えています。たとえば、知的財産権などの無形資産の評価や、工場などを鑑定評価する際、什器《じゅうき》や備品、機械をあわせて評価するといったケースもあります。

Column

# 不動産鑑定評価書が必要とされるのはこんな時！

### ●不動産を賃貸借する時

ビルやマンションの家賃決定には、貸し手も借り手も納得できる賃料が必要です。家賃のほかに地代、契約更新《けいやくこうしん》料、名義書替料《かきかえりょう》なども鑑定評価の対象。借地権や借家権価格、財産価値判定の根拠《こんきょ》にも鑑定評価書が役立ちます。

### ●不動産を担保にする時

不動産を担保に事業資金を借りる際、鑑定評価書があると借りられる金額の予測がつけられます。一方、担保を設定する時も、評価額が明確であることが重要になります。

### ●相続などで適正な価格が必要な時

財産相続で問題になるのは、土地・建物の不動産分配。鑑定評価によって適正な価格を把握《はあく》していれば、公平な財産分割ができます。

**●不動産を売買・等価交換《こうかん》する時**

価格次第では手放したいと思っている不動産があれば、適正価格を把握《はあく》しておくことが肝心《かんじん》です。不動産を売買する際や等価交換《こうかん》する際に鑑定評価を受けておくと安心して取引できます。

**●共同ビルの権利調整や再開発関連**

共同ビルの権利調整や再開発を進める際、誰《だれ》にビルや土地の権利があるかは複雑で煩雑《はんざつ》です。複雑なものをすっきりさせ、無用なトラブル回避《かいひ》のためにも、客観的で公平な鑑定評価が求められます。

**●不動産の証券化**

不動産を裏づけとする証券に投資家たちが投資する場合や、特定目的会社*に融資《ゆうし》する場合、その不動産ではどれくらいの収益が期待できるのか、将来の適正な売却《ばいきゃく》可能価格を把握《はあく》するために、鑑定評価が有効になります。

＊**特定目的会社**　資産を流動化する目的のため、特定の資産を裏づけとした有価償還を発行するためだけに設立された会社のこと。

# 鑑定評価、コンサルティングなど不動産のよろず相談を引き受ける

青《あお》山《やま》リアルティー・アドバイザーズ株《かぶ》式《しき》会《がい》社《しゃ》　代表取締役《とりしまりやく》副社長
服《はっ》部《とり》　毅《たけし》さん

## 不動産開発の仕事から鑑定士へ

大学を卒業後、新卒で信《しん》託《たく》銀行へ入社し、不動産開発部から始まり、不動産仲介業務、法人向け融資業務などを経験しました。その間に業務に役立つのではないかという思いもあって、宅地建物取引士、そして不動産鑑定士の資格を取得しました。

不動産鑑定士の資格を取得したら実際に実務を経験したくなり、銀行内にある不動産鑑定部への異動願いを申し出たのですが、かないませんでした。それで、財団法人日本不動《にほんふどう》産研究所《さんけんきゅうじょ》（現・一般《いっぱん》財団法人日本不動産研究所）へ転職したのです。

日本不動産研究所は、全国各地に支所がある、日本最大手の不動産鑑定事務所です。私は東京都内の支所で、不動産の証券化評価の業務をメインに担当していました。

不動産の証券化とは、不動産を利用して資金調達をしてもらうための方法です。一般的《いっぱんてき》にはリート（REIT）といって、投資家から集めた資金で何十億円、何百億円とする不動産への投資を行い、そこから得られる賃料収入や不動産の売買による利益を原資として投資者に配当します。

法律上、不動産の証券化にかかる取引では、不動産鑑定士による鑑定評価が必要で、その評価書をつくるのがその部署の仕事で、年間で数千件以上、作成していました。とてもやりがいは感じていましたが、もっと不動産鑑定士としての知識を活用し、鑑定評価の業務以外にも幅広《はばひろ》く不動産にかかわる仕事がしたいと考え、今の会社に移りました。

## あらゆる情報を収集し、鑑定評価

現在、所属する青山リアルティー・アドバイザーズは、社員10名ほどの少数精鋭《せいえい》の会社です。不動産の鑑定評価がメインの業務で、依頼《いらい》先は公共団体、民間法人、事業会社、投資家、個人の方などさまざまです。

更地《さらち》の評価といったシンプルな依頼《いらい》から、土地つきのオフィスビルの評価など、さまざまな案件を幅広《はばひろ》く手がけています。

また、すでにオフィスビルとして稼働《かどう》していてテナントから定額の賃料を支払ってもらっているものの、今後、賃料を改定するにはいくらが妥当《だとう》なのかとか、借地の物件の場合、地代はいくらにするのがいいのかといった具合に依頼《いらい》内容も千差万別です。

それゆえ、なぜ鑑定評価が必要なのかなど

依頼《いらい》目的に関して根ほり葉ほり話を聞き、その上で私たちは何をすればいいかを確定していきます。

現在営業中のホテルや老人ホーム、商業施《し》設《せつ》を評価してほしいというケースもあります。その場合は、そのホテルなり商業施設《しせつ》にどれだけの稼《かせ》ぐ力があるかを算出し、その価値を評価することになります。

売上だけでなく、固定資産税や都市計画税などの税金が年間でどれだけかかっているのか。また、火災保険などの諸費用や修繕《しゅうぜん》費、さらに大規模修繕《しゅうぜん》を控《ひか》えているならどれくらいのコストがかかるのかなども計算して、トータルで見極めていきます。

もちろん、計算だけでなく実際に目で見ての調査も重要です。ホテルであれば、全部屋は無理でも空いている部屋を拝見《はいけん》したり、従業員だけが入れるバックヤードの状況《じょうきょう》をチェックしたりもします。

数年前ですが「沖縄《おきなわ》県石垣《いしがき》島にリゾート施《し》設《せつ》をつくりたいので、土地の価格査定をお願いしたい」という依頼《いらい》を受けたことがあります。資料の収集にも手間取りましたし、石垣島での鑑定評価事例がほとんどなかったので鑑定評価をするのに時間がかかりました。

こんな具合に、基本的には北は北海道から南は沖縄まで、依頼《いらい》があればどこへでも出かけていって鑑定評価を行っています。

## 評価の根拠《こんきょ》を説明することが大事

鑑定評価独自の手法を用いて理論的な見解と計算によって導き出した価格をひとつの結論とし鑑定評価書としてまとめるのが、不動産鑑定士の重要な仕事になります。

鑑定評価の依頼を受けて、仕事がスタートします

ただ、どのような価格になるかは、依頼《いらい》を受ける不動産鑑定士によって、微妙《びみょう》に差が生じることもあります。

テレビでも、「お宝を鑑定します！」といった番組があるかと思います。それも鑑定士によって査定価格が違《ちが》ったりしますよね？それと同じです。

人によって査定価格が違《ちが》っているからといって、どちらかが間違《まちが》っているわけではありません。不動産鑑定書はあくまで意見であり、依頼《いらい》者にとっての判断材料です。不動産鑑定士に必要なのは、どうしてそうなったかという価格判定の根拠《こんきょ》を理路整然と説明できることです。

価格を決めるという行為《こうい》に、宅地建物取引士が行う仲介《ちゅうかい》があります。仲介《ちゅうかい》は売主が提示する販売《はんばい》価格があるものの、買主と話し合い調整しながら最終的な価格が決められていきます。

しかし、鑑定士はそのような調整はしません。あくまで中立的な立場で、価格を算出することが求められます。話し合いで価格を変えることはありません。

## 不動産の価値判断ができる唯一《ゆいいつ》のプロ

私は、不動産鑑定士は不動産についての価値判断ができる唯一《ゆいいつ》の専門家であり、よろず相談屋だと思っています。

ですから鑑定評価だけでなく、企業《きぎょう》がかかえている課題に対して解決方法を提示するコンサルティングや、企業《きぎょう》に対して求められているアドバイスを行うアドバイザリー業務も、積極的に行っています。

たとえば、個人や企業《きぎょう》の方々から、「保有する不動産をこの先、売ったほうがいいのか、売らずに何かに活用したほうがいいだろうか?」などと相談を受けることもあります。

不動産鑑定士はよろず相談屋だと思っています

また、「このエリアの不動産市況《しきょう》がどうなっているか、調べてほしい」と依頼《いらい》されることもあります。私の会社は決してシンクタンクではありませんが、情報収集と調査を行い、マーケット市況《しきょう》をまとめたレポートを作成させていただきます。

さらに、投資家の方々が不動産へ投資する際に助言を求められた場合は、適切なアドバイザリーを行います。

不動産にかかわることで、個人および企業《きぎょう》の方々が考えていること、悩《なや》んでいることはそれぞれ違《ちが》います。

だからこそ、それぞれの相談内容に応じた切り口と突破口《とっぱこう》を、不動産鑑定士としての知識を最大限に活用して応えていきたい。そういうよろず対応ができるのが、この仕事の魅《み》力《りょく》です。さらにお客さまに満足していただけたら最高です。

不動産は、私たちの生活に欠かせないものです。住む家はもちろん、道路や駅、学校や商店街もすべて〝不動産〟です。

住んでいる街を歩きながら、「なぜ、このあたりに飲食店が密集しているんだろう」「このタワーマンションには、どんな人たちが住んでいるのかな」と思ったりはしませんか？　また、工事を進めているエリアがあれば、「ここに何ができるのかな」といった具合に思いを馳《は》せることができるのであれば、不動産鑑定士になれる素養は十分あるかと思います。

そのような方はぜひ、この業界をめざしてみてはいかがでしょうか。みなさんをお待ちしています。

生活と収入

# ライフスタイルに合わせて働ける。自己裁量で高収入を実現できる

## 独立すれば自分のペースで働ける！

不動産鑑定士が所属する業種としては、不動産鑑定業、不動産業、金融《きんゆう》関連会社、建設業などさまざまです。これらの業種の企業《きぎょう》に所属し、一社員として働き続けることも可能ですが、独立して不動産鑑定事務所を始めることもできます。しかも、独立すれば定年もないので一生働き続けることも可能です。企業《きぎょう》内不動産鑑定士は東京や大阪に仕事が集中していますが、全国各地どこでも使える資格なので、自分の故郷へ戻《もど》って開業し、不動産鑑定士の仕事を続ける人も多いです。

特に、ライフステージに合わせても働けることも大きなメリットです。たとえば、「将来、子どもができたら幼少期はそばにいて子育てしたい。でも、ある程度大きくなったら

バリバリ働きたい」といった人の場合、独立すれば、それが難なく実現できます。しかも、収入を落とさずにそうしたライフプランを実現することが可能です。

地方の不動産鑑定士の大半は、独立した人がほとんどです。実家の家業にたずさわりながら、サイドビジネスとして不動産鑑定業を営んでいる人もいますし、自宅で子育てをしながら、定期的に入る公的評価の仕事だけをしている人もいます。

収入はしっかり確保したい、でも、自分のペースで自分らしい生き方、働き方をしたいという人におすすめです。

## 企業《きぎょう》内不動産鑑定士の平均年収は？

厚生労働省《こうせいろうどう》の２０１９年度賃金構造基本調査によると、不動産鑑定士の平均年収は、46・６歳《さい》で

755万円ほどでした。月収49万円、年間のボーナスは166万円となっています。一般《いっぱん》的な会社員の年収より、やや高収入といったところでしょうか。

独占《どくせん》業務がある資格なので年収の減収は少ないです。信託《しんたく》銀行や大手デベロッパーなどで、不動産鑑定士を求める企業《きぎょう》では資格手当がつくなど、優遇《ゆうぐう》される場合も多いようです。コンサルティングに特化していたり、投資やM＆Aなどの専門知識を兼《か》ね備えている不動産鑑定士は、さらに高収入が期待できます。

独立している人の場合、年収は自分次第です。平均は400万円から700万円ぐらいといわれていますが、公的な鑑定評価も自治体からたくさんの案件を獲得《かくとく》できたり、民間からの受注に積極的だったりすれば、かなりの高収入が期待できます。かつては鑑定評価業務によって受け取る報酬《ほうしゅう》は報酬《ほうしゅう》額表にもとづいてどこの事務所も一律でしたが、今はそれぞれが自由に設定できるようになってきています。

適性と心構え

# 専門性をみがいて社会に貢献する。その意識が強い人に向いている

## 論理的思考力、公平性などが求められる

不動産鑑定士は、不動産という人間の生活と活動の基盤《きばん》を鑑定評価するという重要な業務を担っています。それだけに何よりもまず誠実さが大切です。

その上で、向いている人としてつぎのような資質が挙げられます。

### ●正しい根拠《こんきょ》にもとづいて、ものごとを考えられる論理的思考力がある

不動産鑑定士が行う鑑定評価は、公示価格などにも使われるほど社会的に影響力《えいきょうりょく》の大きいものです。それだけにあいまいな鑑定評価では許されません。明確な根拠《こんきょ》のもと、不動産価格を算出する必要があります。鑑定評価基準という指針は定められていますが、不動産にまつわる事情はそれぞれ異なりますし、社会情勢によっても変わってきます。そうし

たなか、不動産鑑定士は指針にしたがいながらも、論理的な解釈《かいしゃく》を行い、独自に判断することが求められます。どんな状況《じょうきょう》にあっても、理詰《りづ》めでものごとを考えられる論理的思考力が求められます。

## ●どんな状況《じょうきょう》においても公平である

特に鑑定評価は公的な仕事も多いので、常に冷静かつ公平であることが求められます。自分の信念にもとづいて行動ができ、公正中立の立場を貫《つらぬ》ける強さも大事です。

## ●事務作業が好きでフットワークも軽い

データ分析《ぶんせき》や鑑定評価書の作成は、基本的にはデスクワークになります。

一方で、不動産鑑定士の重要な業務に「現地調査」があります。鑑定評価の対象物件は、必ずしも自身が暮《く》らす場所の近くや街中にあるとは限りません。ほかの都道府県や、ときに交通手段もままならないような山奥《やまおく》を訪れて調査しなければならないことも往々にしてあります。さらに現地調査の場合、対象物件だけでなく資料収集のため、最寄りの役所などにも足を運んだりしなければなりません。

それだけに事務的な作業も好きで、全国各地を飛びまわって調べるのも苦ではないというフットワークの軽さもあると、不動産鑑定士の仕事を楽しんで遂行《すいこう》できます。

## ●細部にまで目が行き届く注意深さがある

鑑定評価業務は、関係法令の調査や現地での情報収集、関係者へのヒアリング、計算作業など複雑で細かな作業の連続です。しかも、できるだけ多くの情報を集めた上で、詳細《しょうさい》な分析《ぶんせき》をする必要があります。万が一、評価額について算出段階での計算ミスなどがあると、それだけで信頼《しんらい》を失ってしまいます。細部まで目が行き届く注意深さがあることも、不動産鑑定士にとって大切な資質です。

## ●誰《だれ》とでもかかわりをもてるコミュニケーション能力

不動産鑑定士は、高度な知識とスキルをもつスペシャリストですが、クライアントなくして業務は成り立ちません。特にコンサルティング業務においてはクライアントとのやりとりも多いだけに、コミュニケーション能力が重要になってきます。

**図表5　不動産鑑定五訓**

一. 良心に従い、誠実に鑑定評価業務を遂行しなければならない。

一. 専門職業家としての誇りと責任感を昂揚し、安易な妥協をしてはならない。

一. 自己の信念に基づいて行動し、公正中立の態度を堅持しなければならない。

一. 職務上知り得た秘密事項については、正当な事由なく他に漏らしてはならない。

一. 常に能力・資質の向上をはかり、自己研鑽につとめなければならない。

## 好奇心《こうきしん》と向上心のある人に向いている職業

こうしてみると、不動産鑑定士は聖人君子のようでなくてはいけないのではないかと思いがちですが、決してそんなことはありません。いろいろなことに興味がある好奇心旺盛《こうきしんおうせい》な人、向上心が高く人とかかわるのが好きな人、あとは街や歴史に興味があり、現地調査を心底楽しんでいる人など、さまざまな不動産鑑定士がいます。

ちなみに、日本不動産鑑定士協会連合会《にほんふどうさんかんていしきょうかいれんごうかい》では、図表5のような「不動産鑑定五訓」を不動産鑑定士の仕事上の心がけとして掲《かか》げています。専門性をみがいて自分の力で社会に貢献《こうけん》したい、そういう意識の強い人にこそ、とても向いている職業といえます

不動産鑑定士への道

# 不動産鑑定士の試験制度と資格の取り方について

## 不動産鑑定士になるには

不動産鑑定士は、不動産の価格を適正に判定する唯一《ゆいいつ》の国家資格です。この資格をめざすためには、「不動産の鑑定評価に関する法律」に規定された試験に合格し、不動産鑑定士としての登録を行う必要があります。

地域環境《かんきょう》や社会情勢を踏《ふ》まえ、さまざまな条件を考慮《こうりょ》して適正な不動産の価値を判断するわけですから、非常に高度な知識と経験、そして的確な判断力が求められます。それだけに不動産鑑定士の試験も、かなり難易度が高くなっています。弁護士などになるための司法試験や、公認会計士の試験に匹敵《ひってき》するといわれています。

## 試験の概要《がいよう》

不動産鑑定士になるためにはまず、「短答式」の筆記試験を受け、その後「論文式」の筆記試験を受けます。それに合格後、「実務修習」を修了してから不動産鑑定士として登録できます。なお、年齢《ねんれい》、学歴、国籍《こくせき》問わず誰《だれ》でも受験できます。

**●短答式試験**……「不動産に関する行政法規」、「不動産の鑑定評価に関する理論」の2科目。

短答式試験は年1回、毎年5月に実施《じっし》します。1科目につき、試験時間は2時間。各40問が択一《たくいつ》マークシート方式で出題されます。総合点でおおむね7割が合格基準点。ただし、各試験科目について一定の得点を必要とします。

**●論文式試験**……民法、経済学、会計学、不動産の鑑定評価に関する理論（演習による出題を含《ふく》む）の4科目。短答試験に合格した者だけが受験可能。毎年1回、例年8月上旬頃《じょうじゅんごろ》の土・日・月の3日間で行われます。総合点のおおむね6割が合格基準点です。こちらも総合点のほかに、各試験科目について一定の得点を必要とします。

**●実務修習**……「短答式」「論文式」の試験に合格すると、国土交通大臣の登録を受けた実務修習機関において、「実務修習」を受けることになります。不動産鑑定士になるために

必要な技能と高等の専門的応用能力を修得するためのものです。

「実務修習」には、「講義」「基本演習」「実地演習」の三つの課程があり、それぞれ指定された団体や会場で修習することになります。1年もしくは2年の二つのコースがあり、全課程を修得した人には、3カ月以内に「修了《しゅうりょう》考査」があります。

**「講義」**……不動産の鑑定評価に関する実務についての基礎《きそ》知識を修得する課程。インターネットを利用して、eラーニングで実施《じっし》されます。

**「基本演習」**……不動産を題材にグループディスカッションなどを行いながら、鑑定評価報告書の一般《いっぱん》的《てき》な手順を作成し、その手法を習得する課程。東京では一段階につき2日〜3日間の日程で4段階まで、計10日間の演習を行います。段階ごとに完成させた鑑定評価報告書および履修状況《りしゅうじょうきょう》について、審査《しんさ》が行われます。

**「実地演習」**……不動産の鑑定評価に関する実務について、「鑑定評価報告書」の作成を通じて実際の現場での評価方法を修得する課程です。物件調査実地演習と一般《いっぱん》実地演習があります。

**「修了《しゅうりょう》考査」**……三つの課程において技能および高等の専門的応用能力を修得したことを確認する目的で、口述と記述の考査を行います。

**図表6** 過去5年間合格率

| 短答式試験 | | | |
|---|---|---|---|
| 年度 | 受験者数 | 合格者数 | 合格率 |
| 2022年 | 1726名 | 626名 | 36.3% |
| 2021年 | 1709名 | 621名 | 36.3% |
| 2020年 | 1415名 | 468名 | 33.1% |
| 2019年 | 1767名 | 573名 | 32.4% |
| 2018年 | 1751名 | 584名 | 33.4% |
| **論述式試験** | | | |
| 2022年 | 871名 | 143名 | 16.4% |
| 2021年 | 809名 | 135名 | 16.7% |
| 2020年 | 764名 | 135名 | 17.7% |
| 2019年 | 810名 | 121名 | 14.9% |
| 2018年 | 789名 | 117名 | 14.8% |

出典：国土交通省ホームページ「不動産鑑定士試験　試験結果」

## 合格率

２０２２年に短答式試験を受けたのは１７２６人、合格者数は６２６人で、合格率は

**図表7** 論文式試験の科目の一部免除

| 論文式試験の科目の一部免除を受けることができる者 | 免除科目 |
| --- | --- |
| ・学校教育法による大学若しくは高等専門学校、旧大学令による大学（予科を含む。）、旧高等学校令による高等学校高等科又は旧専門学校令による専門学校（以下この表において「大学等」と総称する。）において通算して３年以上法律学に属する科目の教授又は准教授（助教授）の職にあった者<br>・法律学に属する科目に関する研究により博士の学位を授与された者 | 民法 |
| ・大学等において通算して３年以上経済学に属する科目の教授又は准教授（助教授）の職にあった者<br>・経済学に属する科目に関する研究により博士の学位を授与された者 | 経済学 |
| ・大学等において通算して３年以上商学に属する科目の教授又は准教授（助教授）の職にあった者<br>・商学に属する科目に関する研究により博士の学位を授与された者 | 会計学 |
| ・高等試験本試験に合格した者 | 合格した試験において受験した科目 |
| ・公認会計士試験に合格した者又は旧公認会計士試験第二次試験に合格した者 | 会計学及び合格した試験において受験した科目（民法又は経済学） |
| ・司法修習生となる資格（高等試験司法科試験の合格を除く。）を得た者 | 民法 |

出典：国土交通省ホームページ「不動産鑑定士試験受験案内」

36・3パーセントでした。

一方、論文式試験の受験者は８７１人でうち合格者数は１４３人。合格率は16・4パーセントとなっています（図表6）。論文式の受験者が短答式合格者より多いのは、前年度に短答式のみ合格した人が含《ふく》まれているからです。

過去5年間の論文式試験の合格率をみると、14パーセント台から17パーセント台となっています。かなりの難関といえます。

## 受験対策のポイント

まずは、短答式試験に合格する必要があります。短答式試験では暗記が中心となる正誤問題だけでなく、計算問題も出題されます。テキストや問題集とあわせて過去問題集をくり返せば、出題形式には慣れてくるかもしれませんが、独学ではかなり大変です。

さらに短答式試験に合格したら、3カ月後に待っているのが論文式試験です。3日連続で全日午前と午後、それぞれ120分ずつとなっています。こちらは短答式試験よりも出題範囲《はんい》が広く、多くの知識が求められます。しかも、得た知識を論文で書く技術も必要です。すでに不動産鑑定事務所などで働いている人ならともかく、まったくゼロの状態から挑戦《ちょうせん》するにはかなり難易度が高すぎるので、厳しいといわれています。可能であれば、資格スクールや通信講座などを利用して受験することをおすすめします。受験のプロの力を借りて短答式試験、論文式試験それぞれのポイントをつかむことができ、効率的な学習を実現できるはずです。

## 試験の一部免除《めんじょ》について

短答式試験に合格し、かつ短答式試験の免除《めんじょ》申請《しんせい》をしている人に関しては、合格発表の日から数えて2年を経過する日までに行われる不動産鑑定士試験において、短答式試験が免除《めんじょ》されます。つまり、論文式試験にその後、2回挑戦《ちょうせん》することができることになります。

論文式試験においては、図表7に該当《がいとう》する人は右欄《らん》の科目についての免除《めんじょ》を申請《しんせい》することができます。

## 不動産鑑定士の登録をする

「修了《しゅうりょう》考査」の結果、修了《しゅうりょう》が認められ、国土交通大臣による修了《しゅうりょう》の確認を受けると、ようやく不動産鑑定士として登録できることになります。登録先は国土交通省が備える不動産鑑定士名簿《めいぼ》です。

資格取得後は?

# 活躍フィールドは広がっている。若い人材への期待値も高い

## 不動産鑑定事務所を中心にさまざまな業種で活躍《かつやく》

不動産鑑定士は、不動産業界はもちろん、金融《きんゆう》やコンサルティング会社、官公庁などさまざまなフィールドで活躍《かつやく》できます。働き方としては大きくつぎの三つに分かれます。

### 1 独立開業する

不動産鑑定士の資格をもっている人のうち、個人で不動産鑑定事務所を開業している人の割合は約半数といわれています。とりわけ都心部以外のエリアに多いです。前にも述べたように不動産鑑定士には鑑定評価という独占《どくせん》業務があり、なおかつ定期的な公的評価の依頼《いらい》もあるので収入が得られやすいというメリットがあります。業務拡大のため、コンサ

ルティング業務を行ったり、税理士や弁護士などほかの士業と連携《れんけい》して共同事務所を設立したりなど、自分の裁量で事業規模を決められます。

## 2 不動産鑑定事務所に勤務する

個人で営む不動産鑑定事務所とは異なり、あくまで会社法人組織として不動産の鑑定評価を行います。規模は数人のところから数百人のところまでさまざまです。国や自治体だけでなく、事務所の規模が大きければ、法人からもマンションの再開発プロジェクトや大規模な土地開発のためのコンサルティングなど、かなり大きな案件を受注することも多いのが特徴《とくちょう》のひとつ。不動産鑑定士として大きな案件にかかわりたい、最先端《さいせんたん》の不動産鑑定業務にたずさわりたいという方におすすめです。

## 3 企業《きぎょう》内鑑定士として働く

一般《いっぱん》企業《きぎょう》内にある鑑定評価部門に所属して鑑定評価などの業務を行ったりするほか、不動産鑑定の知見を不動産鑑定以外の業務に活用して活躍《かつやく》することもできます。

### ●不動産会社、コンサルティング会社

鑑定部門をかかえる大手・中堅《ちゅうけん》の不動産会社もあり、そうした部門には数名の不動産鑑

定士が在籍《ざいせき》しています。不動産鑑定業務だけでなく、賃貸住宅やビルの経営など不動産の有効活用や売買の妥当《だとう》性について意見を言ったり、不動産運用のコンサルティングを行ったりしています。

**●銀行、証券会社、保険会社、損保会社など金融《きんゆう》機関**

銀行や証券、あるいは保険、損保会社などで融《ゆう》資《し》を受けるための担保物件の評価や、不動産の運用・有効活用に関するコンサルティングを行っています。

なかでも信託《しんたく》銀行では多くの鑑定士が活躍《かつやく》しています。金融《きんゆう》機関のうち、唯一《ゆいいつ》、不動産業務を本業として行うことが許されているからです。専門の鑑定部門だけでなく、それ以外にも不動産に対する高度な知識と経験を活かし、顧客《こきゃく》の不動産処分や有効利用に関する相談業務、不動産の証券化にかかわる部門、法人への融資《ゆうし》に関する部門などで活躍《かつやく》しています。

## ●不動産ファンド会社

不動産ファンド会社とは、投資家など多くのお客さまたちから資金を集め、集めた資金を元手に不動産への投資を行う投資のプロが集まった会社です。昨今はJ-REIT（59ページ参照）のような不動産投資商品も一般的《いっぱんてき》になってきたため、不動産ファンド会社も増えています。外資系も多いのですが、こうした会社ではファンドマネージャー*として不動産鑑定士が多く活躍《かつやく》しています。

## ●コンサルタント会社

個人や法人の財産や経営に関してアドバイスをする会社です。クライアント（顧客《こきゃく》）にとって不動産はもっとも大きな財産。その価値を把握《はあく》するとともに活用方法のアドバイスなども行います。不動産鑑定士だけでなく、税理士、公認会計士、弁護士などほかの士業と連携《れんけい》して、コンサルティングにかかわるケースが多いです。

## ●そのほか

オーナーに代わって賃貸物件などの管理を行う不動産管理会社や、ゼネコンと呼ばれる大手建設会社で活躍《かつやく》する不動産鑑定士もいます。その場合は、自社の財務状態のチェックや顧客《こきゃく》へのアドバイザーとして働いています。

＊ファンドマネージャー　投資家などのお客さまから集めた資金の運用計画を立て、それを運用するスペシャリスト。

知識を活かして官公庁や商社、一般的《いっぱんてき》な会社で働く不動産鑑定士も多く見受けられます。特に官公庁では、外部に依頼《いらい》した鑑定評価書の内部チェックの要員として採用されています。

## まったくの異業種、さらに海外ニーズも高い不動産鑑定士

不動産鑑定の需要《じゅよう》は、社会的な経済動向とダイレクトにリンクしています。たとえば、Amazonや楽天市場などのeコマース（電子商取引）は、今や私たちの生活に欠かせません。そこで必要になってくるのが物流施設《しせつ》とそれに付随《ふずい》するインフラ施設《しせつ》で、これらに関する業務が増えています。

また、風力発電、地熱発電といったエネルギー関連の施設《しせつ》に関する鑑定評価業務も多くなっていますし、シニア向けの施設《しせつ》も昔《むかし》ながらの老人ホームではなく、ケア付きマンションタイプの施設《しせつ》が人気で急増しています。特に高齢者《こうれい》施設《しせつ》などはファンドの仕組みを使って建設するケースが増えています。

こうした鑑定評価の需要《じゅよう》が増えるということは、同時に不動産鑑定士の活躍《かつやく》の場も広がっているということです。

一方で、海外の投資家のため、外資系の不動産リサーチ会社が日本の不動産鑑定士を多

く抱《かか》えているというケースも多くなっています。

なお、不動産鑑定士の知識とスキルは、不動産以外のものの鑑定にも役立てることができます。「鑑定評価基準」が学べるのは不動産鑑定士の資格のみだからです。

高度な専門性があり、なおかつ国や企業《きぎょう》の経済活動にも貢献《こうけん》できるといった社会的意義もあります。そして何より自分のライフプランによって好きなかたちで働ける。そんな可能性に満ちた資格です。

# 3章

# 宅地建物取引士の世界・なるにはコース

# 不動産の適正な取引を行うため、誕生した宅地建物取引士の資格

## 約70年前に宅地建物取引業法が誕生《たんじょう》

宅地建物取引業法（以下、宅建業法）が成立したのは1952年、今から約70年前のことです。当時は法の整備がされていなかったこともあり、売り物ではない不動産を売り物だと言って人をだましたり、欠陥《けっかん》住宅を平気で売りつけたりする不動産業者がいたことが背景にあります。

国が適正な不動産売買が当たり前の社会をめざし、この法律が誕生《たんじょう》しました。ただ、最初の頃《ころ》、宅地建物取引業は免許《めんきょ》制ではなく、登録制でした。登録条件さえそろえば、たとえ取引に関する知識のない者でも宅地建物取引業を行うことができてしまうという、ゆるい内容だったわけです。そのため、いろいろなトラブルが起きてしまいました。

そこで、1957年、資格試験制度が導入されました。宅地建物取引員試験制度というもので、名称《めいしょう》は宅地建物取引員でした。この制度にもとづき、1958年度から試験が実施《じっし》され、翌年の1959年7月31日以降、宅地建物取引業を営む場合、事業所ごとに1名以上の宅地建物取引員の資格取得者を専任の取引主任者として置くことが、義務化されました。

## 1964年、宅地建物取引主任者制度へ改正

ところが、当時の試験は実に簡単なものでした。問題が30問で、しかも六法全書が持ち込《こ》み可能だったので、誰《だれ》でも受ければ合格できてしまうような試験だったのです。また、宅地建物取引員（取引員試験に合格した者）という名称《めいしょう》が、業者と誤って認識されやすく、この名称《めいしょう》を悪用して試験に合格しただけで、業者登録をしないまま、営業する人たちも現れてしまいました。

こうしたことから1964年、宅建業法の改正が行われ、その際、宅地建物取引主任者資格試験が導入されることになりました。翌年の1965年に試験が実施《じっし》されるのですが、この時、名称《めいしょう》も宅地建物取引員試験から、宅地建物取引主任者資格試験へ変更《へんこう》となりました。問題数も40問に増え、以前より試験内容は難しくなりました。それでも今より合格し

やすい状況《じょうきょう》でした。

また、宅地建物取引業は、それまで登録制度だったのですが、この改正によって免許《めんきょ》制度になりました。たとえば、車も学科や実技試験に合格するなどの条件を満たし、免許《めんきょ》を取得した人だけが運転できます。それとまったく同じです。試験を受けて合格した専任の宅地建物取引主任者を置くなど、所定の条件を満たして免許《めんきょ》を取得した人や会社だけが、宅地建物取引業を営むことができるというわけです。

## 1971年、各都道府県知事への登録が義務化される

のちほどくわしくお伝えしますが、宅地建物取引士には、売買契約《けいやく》の際に行う「重要事《じ》項《こう》説明」など、この資格がないとできない独占《どくせん》（専権）業務といわれるものがあります。

この独占《どくせん》業務が決まったのは、1971年の宅建業法改正の時でした。まだ、宅地建物取引主任者という名称《めいしょう》の時です。

この改正で、各都道府県知事への宅地建物取引主任者登録が制度化されました。さらに、宅地建物取引主任者の職務責任が明確化されました。消費者保護のためということで、先ほどの「重要事項《じこう》説明に関する事務」と「契約締結《けいやくていけつ》時の書面交付に関する事務」が、知事登録を受けた宅地建物取引主任者のみに許される業務となったわけです。

１９８０年には宅地建物取引業の事務所ごとに、従業者10人に対して１人以上を専任の宅地建物取引主任者として設置することも義務づけられました。これが、１９８８年の宅建業法の改正によって、従業者５人に対して１人以上と引き上げられます。設置人数の引き上げによって宅地建物取引主任者試験の受験者も一気に増え、受験者数が23万人以上と、はじめて20万人を突破《とっぱ》したのもこの年です。１９９０年にはさらに受験者数が34万人以上に増えました。

## ２０１５年、「宅地建物取引主任者」から「宅地建物取引士」へ

２０００年代に入り、しばらく経った２０１４年、宅建業法に大きな改正がありました。それまでも宅建業法にもとづき、宅地建物取引業者は専任の宅地建物取引主任者を設置し、その主任者によって不動産購入者《こうにゅうしゃ》などに重要事項《じこう》の説明を行うことを義務づけてきました。取引の対象である宅地建物の使用などについて法律による制限がある場合、購入者《こうにゅうしゃ》、すなわち消費者が不測の損害をこうむることを防止するためです。

ただ、この重要事項《じこう》の説明において、宅地建物取引主任者が説明すべき事項《じこう》は年々増えていきます。宅地建物の取引に関する法律や関連の制度も多様化の度合いを増し、宅地建物取引主任者が果たすべき責任はますます大きくなっていきました。

さらに、中古住宅や中古マンションなどの取引を円滑《えんかつ》に進めるため、リフォーム会社などとの調整など、宅地建物取引主任者は、重要事項《じこう》説明以外にも責任をもって取り組まなければならないことがどんどん増えてきているといった状況《じょうきょう》がありました。

これらを踏《ふ》まえて2014年に法改正が行われ、翌年、施行《しこう》されました。それによって、名称《めいしょう》が宅地建物取引主任者から宅地建物取引士となったわけです。

**図表8　2014年法改正の内容のポイント**

**1名称の改称**

「宅地建物取引主任者」の名称を「宅地建物取引士」へ改称。

**2宅地建物取引士の業務原則の明文化**

宅地建物取引士が取引の専門家として行う業務にかかる一般的な責務規定として、購入者などの利益の保護はもちろん、円滑な宅地建物の流通の助けになるよう、公正かつ誠実に業務をとりおこなうとともに、取引関係者とのスムーズな連携に努めなければならない。

**3信用失墜行為の禁止**

宅地建物取引士は、宅地建物取引士の信用または品位を害するような行為をしてはならない。

**4宅地建物取引業に従事する者の資質向上**

宅地建物取引士に限らず、広く宅地建物取引業に従事する一般従業員（資格をまだ取得していない社員など）に対する教育義務規定を設け、業界全体の従業員資質の底上げを確保する。

**5暴力団排除条項の追加**

宅地建物取引業の免許および宅地建物取引士の登録にあたっての欠格要件として「暴力団員等であること」を追加し、適正な宅地建物取引業の運営を確保する。

参考：国土交通省ホームページ「建設産業・不動産業：宅地建物取引業法の改正について」

宅地建物取引士の役割と仕事

# 不動産業界の基本を熟知する宅地または建物の取引の専門家

## 不動産関連の法律を熟知する専門家が宅地建物取引士

私たちは一般的《いっぱんてき》に購入《こうにゅう》したり、賃借した住宅で生活を営んでいます。また、経済活動においても営業や事務を行うための店舗《てんぽ》やオフィス、生産拠点《きょてん》としての工場、物流のための倉庫などが必要なため、土地を購入《こうにゅう》してこれらの建物を建てるか、もしくはそれらの所有者から借りて行うことになります。

それだけ住宅などの建物、土地は私たちの日常生活や経済活動に深くかかわっています。こうした土地や住宅、店舗《てんぽ》、オフィスなどの建物の売買や賃貸借は多額のお金のやりとりを伴《ともな》うことになります。たとえば、土地や建物を購入《こうにゅう》する場合には数千万円～数億円の資金が必要になりますし、マンションやオフィスビルを借りる場合においても借主は貸主

**図表9** 免許を取得した宅地建物取引業者ができること

| | |
|---|---|
| 1 | 宅地建物の売買・交換 |
| 2 | 宅地建物の売買・交換・貸借の代理 |
| 3 | 宅地建物の売買・交換・貸借の媒介 |

に多額のお金を支払うことになります。

そのため、売主と買主、借主と貸主のどちらかが不本意に損をしたりしないよう、不動産取引には法律上のさまざまな取り決めがあります。一般《いっぱん》に不動産にかかわる取引全般を扱《あつか》う業者を「不動産業者」といいますが、このうち大臣や知事から免許《めんきょ》を付与《ふよ》された業者を「宅地建物取引業者」といいます（図表9）。

なお、宅地建物取引業者には宅地建物取引業法によってつぎの主旨のことが定められています。

【宅地建物取引業者は、その事務所ごとに従業者5人につき、1人の宅地建物取引士を専任で置かなければならない。】

つまり、宅地建物取引業者はその免許《めんきょ》があれば、宅地建物の売買や交《こう》換《かん》業務ができるのですが、その免許《めんきょ》を取得するためには一事業所につき、5人の従業者に対して1人の宅地建物取引士が必要ということになっているわけです。

そもそも宅地建物取引士とは、宅地建物取引に関する高度で深い知識をもったスペシャリストのこと。土地や建物の購入《こうにゅう》、もしくは借りることを決めた人が契約《けいやく》をする際、土地の形状や面積、建物の形質や構造および種別など不動産に関するくわしい情報や、物件の権利関係や法律上の制限、関係する税法など法律的なこと、さらに支払い条件などについての詳細《しょうさい》な説明を行い、かつ円滑《えんかつ》な契約《けいやく》を遂行《すいこう》するのが仕事になります。この業務を行えるのは国家資格である宅地建物取引士を取得している人に限ります。不動産取引においてもっとも重要な法律の部分を担うということもあり、不動産取引における法律の専門家ともいえます。

## 宅地建物取引士の役割

宅地建物取引業者が行う宅地建物の取引は、売買、交換《こうかん》、貸借の代理、媒介《ばいかい》など広範囲《こうはんい》にわたりますが、いずれの取引においても宅地建物取引士がその中核《ちゅうかく》を担います。取引の根幹となる、契約締結《けいやくていけつ》前の重要事項《じこう》説明と契約締結《けいやくていけつ》時の交付書面に宅地建物取引士が関与《かんよ》しなければならない、すなわち独占《どくせん》業務と法律で決まっているからです（図表10）。

また、宅地建物取引士には不動産の売買・貸借を行う当事者が安心して取引できるよう、的確なアドバイスを行ったり、不動産の取引に関する正確な知識を提供する役割も期待されています。特に宅地建物の取引をめぐる紛争《ふんそう》を未然に防止するといった役割も担っています。

**図表10** 宅地建物取引士の独占業務

1　重要事項説明

2　重要事項説明書に記名

3　契約締結後に交付すべき書面に記名

## 重要事項《じこう》説明だけが宅地建物取引士の仕事ではない！

重要事項《じこう》説明という独占《どくせん》業務もありますが、それだけが宅地建物取引士の仕事ではありません。つぎの三つも宅地建物取引士として極めて重要な業務です。

### 1　顧客《こきゃく》保護の視点に立っての支援《しえん》

不動産の売買・交換《こうかん》、あるいは貸借の媒介《ばいかい》などの取引にあたっては顧《こ》客《きゃく》保護の視点に立って、顧客《こきゃく》に対して的確なアドバイスを行い、積極的に支援《しえん》するという重要な役割を担っています。そのためにも宅地建物取引士自身が知識を修得し、経験を積み重ねた上で、常に顧客《こきゃく》保護の視点を念頭に置きながら業務を遂行《すいこう》することが求められています。

### 2　専門家としての取引の安全確保の視点

各都道府県の宅地建物取引業法主管課に寄せられた苦情・紛争《ふんそう》相談（2020年度）を原因別にみると、「重要事項《じこう》の説明等（重要事項《じこう》の不告知を含《ふく》む）」がもっとも多く、全体の約4割近くを占《し》めています。ついで2位が契約《けいやく》の解除となっています。いずれにしても不動産取引の重要事項《じこう》にかかわることであり、宅地建物取引士の説明不足や不十分な対応があったのかもしれません。こうした紛争《ふんそう》を未然に防ぐためにも、不動産の専門家として「取引の安全確保」という視点をもつことも大切になっています。

### 3 知識・情報の収集と徹底した調査

宅地建物取引士は、重責のある業務を担っています。取引に関する正確な専門知識と新しい関連情報の収集、そして顧客《こきゃく》のために対象物件やその周辺に関する調査を徹底的《てっていてき》に行うことも求められています。

## 宅地建物取引士の仕事内容

不動産業には開発・分譲《ぶんじょう》、流通、賃貸、管理の四つの業態があります。このなかで分譲と流通が、宅地建物取引業法にもとづく免許《めんきょ》が必要な宅地建物取引業となります。特に流通は宅地・建物の売買や貸借の「媒介《ばいかい》（仲介《ちゅうかい》）」にあたり、重要な業務です。

### ●媒介《ばいかい》（仲介《ちゅうかい》）業務

媒介《ばいかい》は通常、仲介《ちゅうかい》あるいは斡旋《あっせん》とも呼ばれています。宅地や建物の取引を行う際、売主と買主、または貸主と借主の仲立ちをして、売買契約《けいやく》ないしは賃貸借契約《けいやく》を成立させるため尽力《じんりょく》します。専門家として高度な知識と品性をもって双方《そうほう》の立場の人たちの信頼《しんらい》に応え、誠実に業務を遂行《すいこう》します。

## ●セールス活動（売買の場合）

不動産の売買の場合、売主から不動産の売却《ばいきゃく》相談を受けた宅地建物取引業者は、まず物件の立地や不動産登記簿《とうきぼ》記録の調査、当事者からのヒアリングや物件周辺の調査、法令上の制限調査などを行います。それらの調査結果と市場相場を考慮《こうりょ》しながら価格査定を行います。価格に納得していただければ、*媒介契約《ばいかいけいやく》を締結《ていけつ》します。

そこから売却《ばいきゃく》活動を開始します。まずは指定流通機構**（レインズ）に情報を登録します。これは一定の場合に義務とされています。つぎに図面を作成し、売主に情報に間違《まちが》いがないかを確認した上でインターネットなどを使って効果的にセールス活動を行います。

その物件への購入《こうにゅう》意欲を示してくれた人から希望があれば、売主に連絡《れんらく》し、実際に現地案内を行います。購入《こうにゅう》予定者が特定されたところで所要資金、資金調達の方法なども確定していきます。場合によっては条件交渉《こうしょう》も必要になります。

## ●重要事項《じこう》説明と契約《けいやく》の締結《ていけつ》

まず、重要事項《じこう》説明書を作成し、買主に説明します。買主が十分に理解し、売買契約《けいやく》の締結《ていけつ》を希望した場合、売買契約《けいやく》書を作成します。これらの書類の作成は宅地建物取引士でなくてもできますが、重要事項《じこう》説明に関しては、宅地建物取引士が必ず行うことが法律で

＊**媒介契約の締結**　媒介契約には①一般媒介契約（依頼者が相手業者以外の業者に重ねて媒介を依頼できる契約）、②専任媒介契約（依頼者がほかの業者に重ねて依頼することができない契約）③専属専任媒介契約（専任媒介契約のうち、依頼者が業者を介さずに自分で発見した相手と売買などの契約を結ぶことを禁止した契約）がある。

定められています。

なお、2021年に公布された「デジタル社会の形成を図るための関係法律の整備に関する法律」によって、宅地建物取引業法第35条が改正されました。これによって不動産取引における、押印《おういん》義務が廃止《はいし》され、書面の電子化が認められました。翌年の2022年には、書面での契約《けいやく》が必須《ひっす》となっていた媒介契約書《ばいかいけいやく》・重要事項《じこう》説明書・売買契約《けいやく》書の電子化が認められました。また、これまで社会実験として行われていたオンラインでの重要事項《じこう》説明が正式なものとして認められました。

**●契約締結《けいやくていけつ》後の業務**

契約締結《けいやくていけつ》に際してその後のスケジュールを売主、買主にあらためて伝え、決済《けっさい》・引き渡《わた》しのための業務を行います。また、決済《けっさい》・引き渡《わた》し後のフォローも必要です。これらは特に宅地建物取引士でなくても対応は可能ですが、せっかく築いた信頼《しんらい》関係を無駄《むだ》にしないため、担当した案件は最後までかかわる宅地建物取引士が多いようです。

**●賃貸借物件の媒介《ばいかい》業務**

基本的には売買物件と流れはほぼ同じです。ただ、売買物件のような資金計画を立てたりといった業務はなく、あくまで借主に希望する予算と条件をヒアリングした上で、近しい物件をいくつか案内していくといった形になります。

＊＊**レインズ**　業者間で不動産物件情報が円滑に流通し、迅速かつ適正な取引が成立するよう、全国に四つの指定流通機構がある。それぞれの指定流通機構が導入している情報処理システムが「レインズ」（不動産流通標準情報システム）。売却の媒介契約が成立した時点で必ずレインズに登録し、売買契約が成立したら削除することが義務づけられている。

ミニドキュメント 2

賃貸管理を専門とする宅地建物取引士

# 正直な対応で大きな信頼をお客さまから獲得する

永《えい》幸《こう》不《ふ》動《どう》産《さん》株《かぶ》式《しき》会《がい》社《しゃ》　代表取《とり》締《しまり》役《やく》
**森《もり》下《した》智《とも》樹《き》さん**

## 不動産の知識ゼロからスタート

永幸不動産は1981年、東京《とうきょう》都豊島《としま》区南《みなみ》大塚《おおつか》で創業。現在は同じ豊島区の東池袋《ひがしいけぶくろ》にあるオフィスビルに事務所を構え、賃貸物件の管理業務を中心に手がけています。

ここはもともと私の伯父《おじ》が経営者でした。その伯父《おじ》から「後継《こうけい》者になってほしい」と声をかけられたのが大学院修了《しゅうりょう》間際です。研究者になる道も考えていたものの、深く悩み、先輩《せんぱい》や先生と相談したのちに、「未知の世界にチャレンジできるのは若いうちだけじゃないか」と思い、申し出を受けました。

不動産の知識や経験がまったくなかったので5年間は東京都内のいくつかの不動産会社で働きました。その間に宅地建物取引士も取得。そして2012年に伯父《おじ》が経営する永幸不動産で働き始めます。そして、2年後に約《やく》束《そく》通り後継《こうけい》者として私が社長になりました。

## 大切な資産をオーナーから預かる

賃貸不動産とは賃貸アパート、賃貸マンション、テナントのこと。永幸不動産ではこうした賃貸物件を所有するオーナーから委託《いたく》され、賃貸管理業務をメインに行っています。

具体的な仕事としては、入居者から毎月の家賃を集金したり、部屋のどこかに不具合が生じたら修理の手配を行います。滞納《たいのう》者への対応、さらに近隣《きんりん》トラブルやクレームへの対応なども管理業務に含《ふく》まれます。また、定期巡回《じゅんかい》を行い、清掃《せいそう》業務や設備の維持《いじ》管理などもしています。

もちろん、それだけではありません。

入居者が退去されることが決まると、退去の際、立ち会って部屋の汚《よご》れや破損がないかをチェックします。空室になったら部屋のクリーニング、場合によってはリフォームを行うために業者の手配を行うことも。と同時に空室の新たな入居者募集《ぼしゅう》を始めます。近隣《きんりん》物件の価格などを調査し、募集《ぼしゅう》条件をまとめてオーナーに相談し、合意を得た上で入居者募《ぼ》集《しゅう》の広告活動を行います。最近はインターネットによる広告がメインです。

借りてくださる方が決まったら入居審査《しんさ》を行い、オーナーの許可を取って契約《けいやく》書と重要事項《じこう》説明書も作成し、入居にあたっての契約《けいやく》の取り仕切りをさせていただきます。その後、お部屋の引き渡《わた》しをして、お住まいいただく。そして家賃の集金などが始まって……という感じです。こうした継続《けいぞく》的な業務に対してオーナーから手数料などをいただく。それが会社の売上になるわけです。

管理戸《こ》数は約120戸。基本的には東京都内にあるのですが、知り合いの紹介《しょうかい》で管理を依頼《いらい》された物件もあるので、範囲《はんい》は埼玉、神《か》奈川《ながわ》、千葉《ちば》、静岡《しずおか》と1都4県に広がっています。

## お客さまの要望に寄り添《そ》う

実は南大塚の時は路面店だったこともあり、賃貸仲介《ちゅうかい》業務が中心でした。部屋を借りたい人のために情報を収集し、さまざまな賃貸物件をホームページや不動産ポータルサイトで紹介《しょうかい》し、物件に興味をもった方を現地までご案内する。気に入っていただけたらオーナーとの契約《けいやく》を締結《ていけつ》させ、仲介《ちゅうかい》手数料をいただくというのが、賃貸仲介《ちゅうかい》業務のおおまかな流れです。

お部屋探しをされているお客さまの要望と、実際の物件では、条件、相場が合わないことも多いのですが、できる限り適切な提案をすることを心がけていました。

たとえば、A駅周辺の場合、バストイレ別のお部屋だと、最低でも月8万円は出さないと借りることはできない。でもお客さまは「そこをなんとか6万円で借りられないか」と。「いや、ありません」では話は終わってしまいます。そういう時は「一応バストイレ別ですが、お風呂が旧式ですごく古い物件ならあります」「バストイレはいっしょですが、すごくきれいです」「2駅都心から離れたところであれば、ご希望の物件がありますよ」などと、いろいろな提案をするのです。

また、お客さまの意向に反していることで

も正直にお伝えするようにしていました。

ある時、「ほかの不動産屋さんで分譲《ぶんじょう》マンションの賃貸物件はピアノOKと聞いたので探してほしい」と来店されたお客さまがいました。分譲《ぶんじょう》マンションそのものは楽器OKでも、その部屋のオーナーが「楽器不可」としているケースが大半です。私は「分譲《ぶんじょう》タイプの賃貸でもピアノOKのマンションはほとんどありませんよ」と事実をお伝えしました。お客さまは落胆《らくたん》して出ていかれましたが、契約《けいやく》後にトラブルが発生することは避《さ》けたいので、対応にまちがいはなかったと思っています。

お客さまやオーナーより、連絡が飛び込んできます

## オーナーと強固な信頼《しんらい》関係を築く

東池袋への移転にともない、事業の軸足《じくあし》を賃貸管理業務に置きました。

賃貸仲介《ちゅうかい》もさまざまなお客さまと出会えて楽しかったのですが、どれだけ真剣《しんけん》に物件を探して案内しても、結局、ほかの不動産屋さんで決められてしまうことがあるからです。当然、仲介《ちゅうかい》手数料が入るのは、契約《けいやく》をした不動産屋さんになります。つまり、自分が行った仕事に対する報酬《ほうしゅう》がいくらになるか読めないわけです。それに比べて賃貸管理業務の場合、管理手数料が定期的に入ってくるとわかっているので収入は安定します。営業は私ひとりという状況《じょうきょう》も大きかったです。

　賃貸管理業務の中で大事なのは、オーナーとの信頼《しんらい》関係です。オーナーにとって大切な資産である物件を長きにわたって継続《けいぞく》して管理させていただくわけです。それだけの信頼《しんらい》を得ることが一番の難しさであり、おもしろさです。

　ていねいな管理業務を継続《けいぞく》することが大切ですが、オーナーが困っている時にすぐに対応できることも重要です。そのため、ふだんから周辺エリアの物件状況《じょうきょう》や相場などを把《は》握《あく》するようにしています。そうすれば、急に「一刻も早くこの空室を埋《う》めたい」と相談を受けてもあわてることなく、どれぐらいの賃料にすれば、早期成約につながるかを自信をもってご提案できます。築年数は古くてもリノベーションをされていて、私自身がすばらしいと感じた物件であれば、「強気で、相場よりも高めの賃料設定でいきましょう」とお伝えすることもあります。

## 宅建マイスター取得で知識をアップデート

　宅地建物取引士は法律の知識をもつ不動産のプロです。資格取得時に民法など数多くの法律を学ぶわけですが、取得したからといって安心していてはいけません。絶えず知識のアップデートが必要です。それをしていないと、ある日突然《とつぜん》お客さまに対してとんでもないリスクを負わせてしまうことになってしまうからです。法令の改正はひんぱんにあるので、常に知識を更新《こうしん》しておく必要があります。
２０１７年には宅地建物取引士の上位資格である宅建マイスターを取得。おかげで不動産のトラブルを未然に防ぎ、公正で合理的な不動産取引をするための知識を身につけることができました。それもあって、少し前から始めていた売買物件の仲介《ちゅうかい》業務に本腰《ほんごし》を入れ、より幅広《はばひろ》く事業を展開していくつもりです。

知識のアップデートに専門書は欠かせません

私は不動産業において、宅地建物取引士の役割は指揮者に似ているなと感じることがあります。「売りたい人」と「買いたい人」、もしくは「貸したい人」と「借りたい人」それぞれの要望を受け入れながら、みんなが満足するかたちの契約《けいやく》につなげていく仕事だからです。間に立っての調整はたいへんですが、そこがむしろおもしろさでもあります。

宅地建物取引士の資格があれば、一生、第一線で活躍《かつやく》できます。そこも大きな魅力《みりょく》。私も今は幼子の子育てを楽しみつつ、仕事との両立のために、日々工夫をしています。

生活と収入

# 収入は勤務先によってさまざま。不動産営業なら歩合で収入アップも

## 土日は出勤、その代わり平日にプライベートを充実《じゅうじつ》

宅地建物取引士は、2022年度末現在で約56万3000人。そのうち宅地建物取引士として就業している人が約34万7000人です。

住宅販売《はんばい》会社や仲介《ちゅうかい》会社、賃貸管理会社などの不動産会社で営業として働いている人が多いです。

不動産会社の営業と聞くとノルマがあって残業が多いといったイメージをもたれがちですが、そんなことはありません。確かに残業もありますが、仕事が終わった後にプライベートな時間をもつこともできます。不動産会社の多くは顧客《こきゃく》対応のため、週末の土日は出勤になりますが、代わりに平日に休めます。行楽地や街へ出かけても土日のような混雑は

ほとんどありません。慣れてしまうとむしろ土日出勤のほうがいいという宅地建物取引士も多いようです。

一方、金融《きんゆう》業界や建設業界など不動産会社以外で活躍《かつやく》している宅地建物取引士の場合、基本的に土日が休みになっています。

独立開業している人は、自己裁量で仕事とプライベートの時間を調整しながら働くことも可能です。

## 不動産会社の平均年収は勤務先の規模や年齢《ねんれい》によって異なる

宅地建物取引士の年収を示す公的なデータはありません。したがってあくまで参考なのですが、厚生労働省《こうせいろうどうしょう》の「令和3年賃金構造基本統計調査」の産業別賃金を見ると「不動産取引業」の全従業員の平均収入は595万8100円となっています。

ここでいう「不動産取引業」は、不動産売買や仲介《ちゅうかい》を扱《あつか》う会社などと、不動産の売買、賃借、交換《こうかん》の代理または仲介《ちゅうかい》を行う会社と定義されているので、宅地建物取引士としての平均年収に近いはずです。ただし、年齢《ねんれい》、経験値だけでなく、企業《きぎょう》規模による格差、地域格差も大きいのが宅建士のひとつの特徴《とくちょう》なので、あくまで目安です。

不動産営業の初任給はだいたい22万円から25万円ぐらいが相場となっています。

一般的《いっぱんてき》に同じ営業でも売買物件主体のほうが、賃貸仲介《ちゅうかい》よりも給与《きゅうよ》は高いといわれています。というのも、売買物件を扱《あつか》う不動産営業の場合、歩合給を支給している会社も多いからです。年収を上げたければ、契約《けいやく》件数を増やして歩合給をアップさせることもできるというわけです。実際、20代で年収７００万円以上稼《かせ》ぐ宅地建物取引士もいるようです。

みずから宅地建物取引士となり、宅地建物取引業者として独立開業すれば、努力次第で高収入も夢《ゆめ》ではありません。ただし、開業するまでの資金や運転資金や諸経費もすべて自身の支出になるので、どのように運営していくかといった経営センスは問われるところです。

## 資格手当を支給する会社もある

宅地建物取引業者は、従業者５人につき１人以上の宅地建物取引士を置かなければならないと法律に定められています。しかも、不動産業界は慢性的《まんせいてき》に人手不足ということもあり、資格をもっている人に対して月額１万〜３万円の資格手当を支給する会社もあります。

適性と心構え

# 人とかかわることが好きなことと、継続的な自己研鑽が重要

## 人の人生にかかわる仕事だけに「人間が好き」であることが大前提

### ●人とのコミュニケーションを大切にする

たとえば、「家を買いたい」というお客さまがいます。最近は不動産投資のための購入《こうにゅう》もありますが、「家を買う」ことで心機一転、新しい生活を始めるという方も実際にはまだまだ多いです。「オフィスを借りたい」という人であれば、これから新しい仕事を始めるのかもしれません。宅地建物取引士は人が住む場所や働く場所の売買・賃貸借にかかわる仕事だけに、人の人生の節目に立ち会うことも多いわけです。それだけに人とかかわるのが好きであることが大前提。スムーズでなくてもいいので、人とコミュニケーションをとろうとする気持ちが大切です。

## ●わかりやすく説明できる力＋緻密《ちみつ》なチェック能力

不動産に関連する法律や決まりごとは難しくて複雑。わかりづらい用語も多いです。それらをできる限りわかりやすく説明できる力も求められます。顧客《こきゃく》にとっては重大な取引になります。その顧客《こきゃく》から「説明を受けたけどわからなかった」と思われてしまったら、信頼《しんらい》関係も失われます。それだけに、相手にできる限りわかりやすく伝えるという努力が必要です。

契約締結《けいやくていけつ》の書類など、非常に重要なものを取り扱《あつか》う仕事でもあるので、特に細部までチェックできる緻密《ちみつ》さも大切です。

## ●継続的《けいぞくてき》に勉強し続ける真摯《しんし》な姿勢

不動産のプロである宅地建物取引士。顧客《こきゃく》はその専門性を頼《たよ》って依頼《いらい》してきます。したがって、専門家としての知識や経験を常に蓄積《ちくせき》しておかなければなりません。

仕事を進めていく中で膨大《ぼうだい》な法律や税制の知識だけでなく、建築やマーケティングなどの知識も必要だと感じることも出てきます。そこですぐに好奇心《こうきしん》をもって勉強するという真摯《しんし》な姿勢も大事です。

宅地建物取引士の資格を取るまでは懸命《けんめい》に勉強した人でも、いざ資格を取ってしまうとそれがゴールだと思ってしまい、それ以降、まったく勉強しないという人も多いようです。

しかし、本当に大事なのは働き始めてからの自己研鑽《けんさん》です。宅地建物取引業法もよく法改正があります。アンテナを張り、それらの知識を常にアップデートすることが大切です。

### ●責任感の強さと高い職業倫理《りんり》

宅地建物取引士の仕事はその人の能力や、仕事に対する姿勢がそのままダイレクトに反映されてしまう仕事です。誰《だれ》かがミスをすると、仕事全体に影響《えいきょう》をおよぼすことにもなりかねません。それだけに一人ひとりが強い責任感をもって仕事にたずさわることが必要になってきます。

よく不動産は信頼《しんらい》産業という言い方をされます。特に地元密着の不動産会社の場合、地域住民から確たる信頼《しんらい》が得られなければ、事業も発展していきません。そしてその信頼《しんらい》は、一人ひとりの宅地建物取引士と従業員の永続的な営業努力から得られるもの。高い職業倫《りん》理《り》に裏打ちされた営業姿勢で、日々の業務に取り組むことが求められる仕事です。

## 資格をもたない従業員との連携《れんけい》も大事

宅地建物取引業における最大の使命、それは「取引の安全」です。そのため重要事項《じこう》説明や契約《けいやく》締結《ていけつ》時に交付する書類を実際に作成するのは資格をもたない従業員が担う場合もありますが、記名は宅地建物取引士が行い、内容についてその責任をもつことになります。

宅地建物取引士への道

# 宅地建物取引士の試験制度と資格の取り方について

## 宅地建物取引士になるには

宅地建物取引士は、不動産の適正な取引を行う上で欠かせない存在です。宅地建物取引業法で定められた国家資格のため、この資格取得には同法第16条に定める宅地建物取引士資格試験に合格する必要があります。

合格し、宅地建物取引士として活動するためには、試験に合格した都道府県に申請《しんせい》を行い、知事から資格登録を受けます。実務経験が2年以上であれば、そのまま登録でき、宅地建物取引士証（有効期間5年）の交付を受けることができます。ただし、登録する時点で実務経験が2年未満の場合は、さらに実務経験を積んで「実務経験2年以上」の要件を満たすか、もしくは「登録実務講習」を受けることが必要です。資格登録後に宅地建物取

**図表11** 試験内容・方法など

| | |
|---|---|
| 内容 | 宅地建物取引業法施行規則（昭和32年建設省令第12号）第8条に定める以下の各号<br>1　土地の形質、地積、地目及び種別並びに建物の形質、構造及び種別に関すること。<br>2　土地及び建物についての権利及び権利の変動に関する法令に関すること。<br>3　土地及び建物についての法令上の制限に関すること。<br>4　宅地及び建物についての税に関する法令に関すること。<br>5　宅地及び建物の需給に関する法令及び実務に関すること。<br>6　宅地及び建物の価格の評定に関すること。<br>7　宅地建物取引業法及び同法の関係法令に関すること。 |
| 方法 | 50問・四肢択一式による筆記試験<br>●全都道府県で同一の問題で同時に行います。<br>●出題の根拠となる法令は、試験実施年度の4月1日現在施行されているものです。<br>●解答用紙は、マークシート方式を採用します。<br>●書籍、電卓等の計算機類の使用は禁止します。 |
| 申込み | 例年7月 |

参考：一般財団法人不動産適正取引推進機構「宅建試験の概要」

引士証の交付申請をすると、交付を受けることができます。

## 試験の概《がい》要《よう》

宅地建物取引士の資格試験は年齢《ねんれい》、学歴などに関係なく誰《だれ》でも受験できます。

試験は毎年10月の第3日曜日と決まっており、受験できる機会は年1回しかありません。全都道府県で同一の問題で同時に行います。合格発表は原則11月下旬《げじゅん》となっています。

試験内容は、宅地建物取引業に関する実用的な知識を有するかどうかを判定することに基準が置かれています。筆記試験によって行われ、民法や宅地建物取引業法、法令上の制限などのほか、関連知識についで幅広《はばひろ》く出題されます。くわしい内容は図表11のとおりです。

設問は50問で、四肢択一《ししたくいつ》のマークシート方式となっています。なお、不動産会社などに勤務し、実務に従事しており、従業者証明書の交付を受けている人で、7月までに行われる「登録講習」（申し込《こ》みは5月中旬《ちゅうじゅん》まで）を受講し、修了試験に合格したことを受験申し込《こ》み時に申請《しんせい》していれば、10月の試験で5問免除《めんじょ》となり、45問で受験できます。

## 合格率

過去10年間の試験実施概況《じっしがいきょう》の図表12を見てください。

一般《いっぱん》受験者の合格率は、２０２０年12月が13・１パーセントともっとも低く、２０２１年10月が17・９パーセントともっとも高くなっています（２０２０・21年度は新型コロナウイルス感染症《しょう》の影響《えいきょう》で会場確保が困難だったため、年２回の実施《じっし》となっています）。２０２０年12月の合格率は低かったのですが、それ以外でみるとだいたい15～17パーセントで推移していることがわかります。合格基準点は50問中、31点から38点となっています。こちらは試験内容の難易度に合わせて毎年変動しています。

２０２２年度は、47都道府県２５１会場で実施《じっし》しました。受験者数は22万６０４８人（男性14万７９０２人、女性７万８１４６人）、そのうち合格者数が３万８５２５人（男性

**図表12** 過去 10 年間の試験実施概況

| 実施年度 | 申込者数 | 受験者数 | 合格者数 | 合格率 | 合格基準点 | |
|---|---|---|---|---|---|---|
| | a | b | c | c/b | 一般受験者 | 登録講習修了者 |
| 2022年度 | 283,856人 | 226,048人 | 38,525人 | 17.0% | 50問中36点 | 45問中31点 |
| 2021年度（12月試験） | 39,814人 | 24,965人 | 3,892人 | 15.6% | 50問中34点 | — |
| 2021年度（10月試験） | 256,704人 | 209,749人 | 37,579人 | 17.9% | 50問中34点 | 45問中29点 |
| 2020年度（12月試験） | 55,121人 | 35,261人 | 4,610人 | 13.1% | 50問中36点 | 45問中31点 |
| 2020年度（10月試験） | 204,163人 | 168.989人 | 29,728人 | 17.6% | 50問中38点 | 45問中33点 |
| 2019年度 | 276,019人 | 220,797人 | 37,481人 | 17.0% | 50問中35点 | 45問中30点 |
| 2018年度 | 265,444人 | 213,993人 | 33,360人 | 15.6% | 50問中37点 | 45問中32点 |
| 2017年度 | 258,511人 | 209,354人 | 32,644人 | 15.6% | 50問中35点 | 45問中30点 |
| 2016年度 | 245,742人 | 198,463人 | 30,589人 | 15.4% | 50問中35点 | 45問中30点 |
| 2015年度 | 243,199人 | 194,926人 | 30,028人 | 15.4% | 50問中31点 | 45問中26点 |
| 2014年度 | 238,343人 | 192,029人 | 33,670人 | 17.5% | 50問中32点 | 45問中27点 |
| 2013年度 | 234,586人 | 186,304人 | 28,470人 | 15.3% | 50問中33点 | 45問中28点 |

※ 2020年度、2021年度は新型コロナウイルス感染症の影響で試験会場の確保が困難だったため、一部の都道府県において試験を10月と12月に分割して実施。結果が2つあるのはそのためです。

参照：一般財団法人不動産適正取引推進機構による統計資料

2万4535人、女性1万3990人）でした。全体の合格率は17・0パーセントでしたが、男性が16・6パーセント、女性が17・9パーセントと女性のほうが高い結果となりました。

受験資格に年齢《ねんれい》制限がないこともあり、下は10代から上は90代まで幅広《はばひろ》い年代の人が合格者に入っています。ちなみにこれまでの最年長は、2005年に合格した90歳《さい》の男性です。最年少記録は、

2014年に受験した12歳《さい》の男子だけだったのですが、2021年にやはり12歳《さい》の女子が合格しました。

## 受験対策のポイント

5、6人に1人しか受からない難関資格です。実際、1、2回は不合格を経験する人も多いのですが、年1回しかない試験なので何とか一発合格をめざしたいところです。そのためには自分に合った勉強方法を見つけ、早めに勉強を開始することが大切です。

宅地建物取引士の試験は50問出題されますが、過去の出題を分析《ぶんせき》すると、試験内容の図表11を問う試験として、つぎの4科目から出題されていることがわかります。

●宅地建物取引業法　20問
●権利関係（民法など）　14問
●法令上の制限　8問
●税そのほかの分野　8問

このなかで特に、宅地建物取引業法、権利関係（民法など）、法令上の制限という主要3科目を押《お》さえることが、試験に合格するカギといわれています。

試験実施《じっし》機関である一般《いっぱん》財団法人不動産適正取引推進機構《ふどうさんてきせいとりひきすいしんきこう》のホームページで過去の問題

を見て、どの科目でどのような設問が出されているかといった試験内容を理解しましょう。

つぎに得意になりそうな科目とそうでなさそうな科目を把握《はあく》し、どの順番で何に重点を置いて勉強するかを考えます。

勉強方法としては①自分で過去問題集などを購入《こうにゅう》して独学する（スマートフォンのアプリなども活用）、②通信講座を受ける、③資格スクールへ通う、などといった方法があります。どの方法が自分にとって最適なのかを考えて選び、根気よく勉強し続けることが大切です。よくいわれるのは、試験本番の2カ月前になる8月までに過去問題集を3回解くこと。そのつど解説を必ず読みます。本番直前になったら公開模擬《もぎ》試験にチャレンジする。なお、独学を選んだ人でも、直前に資格スクールの直前対策講座や模試を受講したりするケースが多いようです。

## 宅地建物取引士の登録をする

資格試験に合格しただけでは宅地建物取引士と名乗ることはできません。試験を受けて合格した都道府県の都道府県庁で登録し、さらに宅地建物取引士証の交付を受けることが必要です。登録できる人を整理するとつぎのようになります。なお、宅地建物取引業法第18条に定める事項に該当する場合は、登録を受けることができません。

**●試験に合格した人で、宅地建物取引業に従事して2年以上の実務経験がある場合**

この場合は11月下旬《げじゅん》に合格証書を受け取った後、すぐに登録申請《しんせい》できるので、最短で翌年の1月中には宅地建物取引士証が交付されます。

**●試験に合格した人で、宅地建物取引業に従事した経験が2年未満の場合**

登録実務講習実施《じっし》機関が実施《じっし》する「登録実務講習」を受けます（登録実務講習は通信教育が1カ月程度、通信教育修了《しゅうりょう》後のスクーリングが2日。登録実務講習の修了《しゅうりょう》証などを得てから登録を行うことになります）。

宅地建物取引士の上をいくエキスパート

# 不動産の深い世界を知ることができる国土交通省推奨「宅建マイスター」

## 宅建マイスターとは

宅地建物の売買において一般《いっぱん》の人たちが安心な取引を実現するのが、宅地建物取引士の役割です。しかし、社会環境《かんきょう》の変化とともに不動産にまつわる課題もより複雑化しているため、より高度な能力をもつ人材が必要になってきました。

そこで公益財団法人不動産流通推進《ふどうさんりゅうつうすいしん》センターは2014年、宅地建物取引士のエキスパートという位置づけで「宅建マイスター」を認定する資格制度を創設しました。

当初は、通信講座と集合研修を受講した上で修了《しゅうりょう》試験に合格した人を「宅建マイスター」と認定していました。しかし、認定者が300人を超《こ》え、その活躍《かつやく》が業界内外から高く評価されるようになったため、2017年、「宅建マイスター」認定制度を再整備し、

**図表13** 「宅建マイスター」試験概要

**試験**／年１回（毎年１月）

**試験会場**／東京、大阪

**受験資格**／現在、宅建業に従事し、以下の①②の要件のいずれかを満たし、試験当日、有効な宅地建物取引士証を提示できること。
① 宅地建物取引士証を取得後、５年以上の実務経験を有している
② 実務経験は５年未満だが、不動産流通推進センターが実施する「不動産流通実務検定“スコア”」で600点以上を得点していること。

**試験内容**／記述式試験（コンプライアンス、売買契約、重要事項説明）

出典：「宅建マイスター」認定資格を実施する不動産流通推進センターホームページ

同年8月から試験制度に移行しました。現在は600名を超《こ》える方々が「宅建マイスター」として認定されています。

## 仲《ちゅう》介《かい》業務に特化し、取引の安全と件数の拡大を達成する資格

試験が受けられるのは宅建業に従事している人で、宅地建物取引士の資格を取得後、5年以上の実務経験があること、もしくは、実務経験は5年未満でも不動産流通推進センターが実施《じっし》する「不動産流通実務検定〝スコア〟」*で600点以上を得点している人です。

試験は記述式で、コンプライアンス、売買契約《けいやく》、重要事項《じこう》説明に関することからの出題になります。かなり実践《じっせん》に即《そく》した内容になっており、宅地建物取引士としての実力が問われます。

あくまで仲介《ちゅうかい》業務に特化した資格で、仲介《ちゅうかい》業務にお

＊**不動産流通実務検定“スコア”**　安心・安全な不動産取引に必要な「実務知識」「行動規範」「実践応用力」を測る、不動産流通実務に関する新指標。PC上で問題100問に解答し、流通実務の理解度を判定するもの。年１回、秋に実施。

けるさまざまなリスクを予知する能力を身につけ、「トラブルの未然防止」を実現し、トラブル解決などに要する業務を減らし、前向きな営業時間を確保する人材へと成長してもらうためにつくられた資格です。それによって、より精度の高い取引を実現して顧客《こきゃく》の信頼《しんらい》を獲得《かくとく》。リピーターの増加、顧客《こきゃく》利益の最大化につながるなど、会社の収益拡大にもつなげていこうというのが狙《ねら》いです。

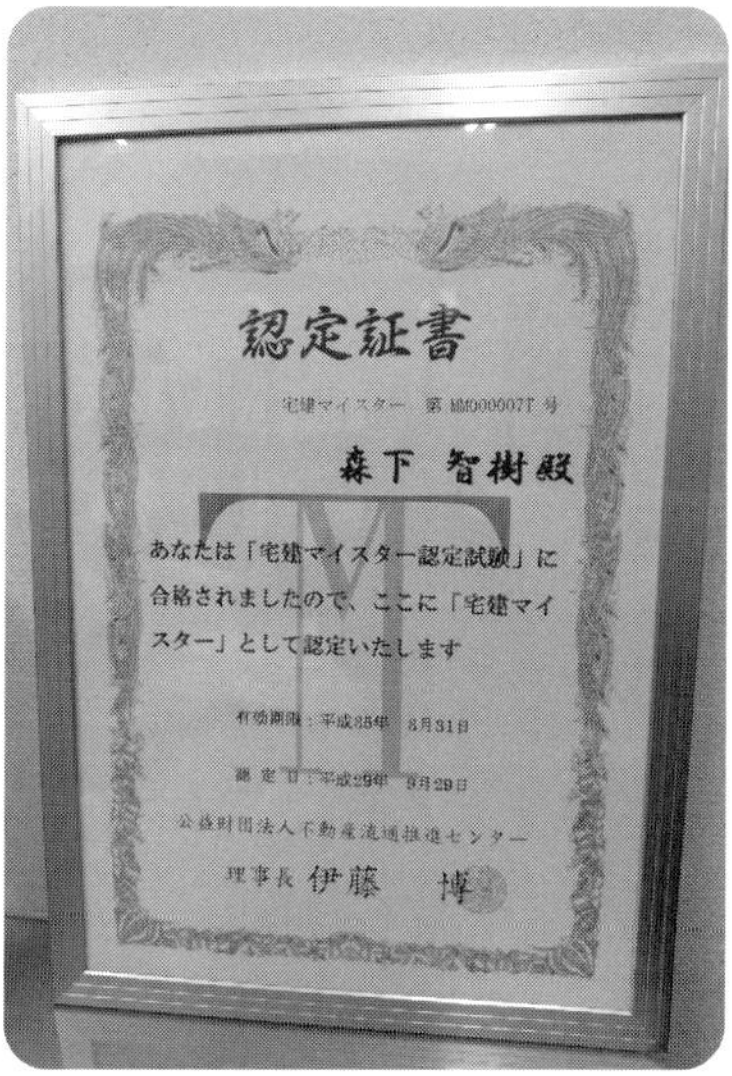

宅建マイスターの認定証書

資格取得後は?

# ダブル資格でさらに道は広がり、不動産以外の活躍の場も増えている

## 宅地建物取引士のスタンダードな職場

宅地建物取引士が働く場としては、つぎのような業種、そして方法があります。

### 1 不動産会社

宅地建物取引士のもっともスタンダードな職場は、不動産会社です。不動産会社は不動産の売買、交換《こうかん》、賃貸、管理などを行っています。取り扱《あつか》う物件の種類や業務内容によっても分かれており、開発や分譲《ぶんじょう》を行うデベロッパーをはじめ、中古住宅・マンションを扱《あつか》う仲介《ちゅうかい》会社、不動産賃貸、不動産管理会社などがあります。これら以外の不動産系の会社である、ゼネコン（建設会社）や工務店、ハウスメーカー、設計事務所などでも宅地建物取引士が活躍《かつやく》しています。

### 2 銀行や保険会社

不動産の担保価値を評価した上で融資《ゆうし》をすることが多いので、銀行や保険会社でも宅地建物取引士の専門的な知識が必要とされています。不動産会社と提携《ていけい》している金融《きんゆう》機関もあります。

### 3 宅地建物取引業者として独立開業する

不動産のプロ、宅地建物取引業者として独立開業もできます。ただし、そのためには宅地建物取引士の資格だけでなく、宅地建物取引業免許《めんきょ》を取得する必要があります。なお、独立開業したばかりの時期は、ほとんど収入がない期間も予想されるので、そのことを想定し、余裕《よゆう》をもって資金を用意しておいたほうがよさそうです。

## キャリアアップを狙《ねら》うなら不動産関連資格とのダブル資格

宅地建物取引士としてさらなるキャリアアップを狙《ねら》うのであれば、宅建マイスターなど上位資格を狙《ねら》ったり、ほかの不動産関連資格を取得するといいでしょう。不動産関連資格は同じ業界ということもあり、試験内容が重なるものもあり、効率的に取得しやすいといったメリットもあります。

ダブルライセンスにおすすめの資格にはつぎのようなものがあります。

●**ファイナンシャル・プランナー（FP）**……顧客《こきゃく》から家計の収支や資産状況《じょうきょう》、家族構成などを聞いて専門知識を活かし、最適なファイナンシャルプランを提案できる資格。宅地建物取引士でダブル資格としてもっている人が多いのがこの資格です。不動産販売《はんばい》に際して住宅ローンを組む顧客《こきゃく》に対して、無理のない返済《へんさい》計画の提案ができるからです（試験実施《じっし》団体が二つあります）。

●**管理業務主任者**……マンション管理業者が管理組合などに対して管理委託《いたく》契約《けいやく》に関する重要事項《じこう》説明や管理事務報告を行う際に必要な国家資格です。

●**マンション管理士**……マンション管理組合の運営、建物構造上の技術的問題など、マンション管理に関して管理組合の管理者やマンションの区分所有者などの相談に応じ、時に助言や支援《しえん》を行うことを業務とする資格です。

●**賃貸不動産経営管理士**……賃貸住宅の管理業務の専門家。賃貸住宅管理業務を行う上で設置が義務づけられている「業務管理者」の要件となる国家資格です。

●**競売《けいばい》不動産取扱《とりあつかい》主任者**……競売《けいばい》不動産を取り扱《あつか》う際の、さまざまなトラブルを未然に防ぐために設けられた資格です。宅地建物取引士資格試験に合格していることが資格登録の要件となっています。

●**土地家屋調査士**……不動産の表示に関する登記について、必要な土地または家屋に関する調査や測量を行う専門家です。

●**インテリアコーディネーター**……内装《ないそう》や家具などインテリアに関する幅広《はばひろ》い商品知識をもち、快適な空間づくりのために適切な提言、助言を行う専門職です。

●**不動産鑑定《かんてい》士**……不動産の価値に関する鑑定評価ができる唯一《ゆいいつ》の資格です。宅地建物取引士を取得後、不動産鑑定士を取得して不動産鑑定士として活躍《かつやく》している人もいます。

●**公認 不動産コンサルティングマスター(不動産コンサルティング技能試験)**……不動産取引の多様なニーズに対応し、不動産全般《ぜんぱん》のコンサルティング業務を行うことができる資格です。なお、受験できるのは宅地建物取引士登録者、不動産鑑定士登録者、一級建築士登録者のみ。試験に合格し、各資格登録後、実務経験5年以上を経た上で「公認 不動産コンサルティングマスター」の称号が与《あた》えられます。

## フローチャート　不動産鑑定士

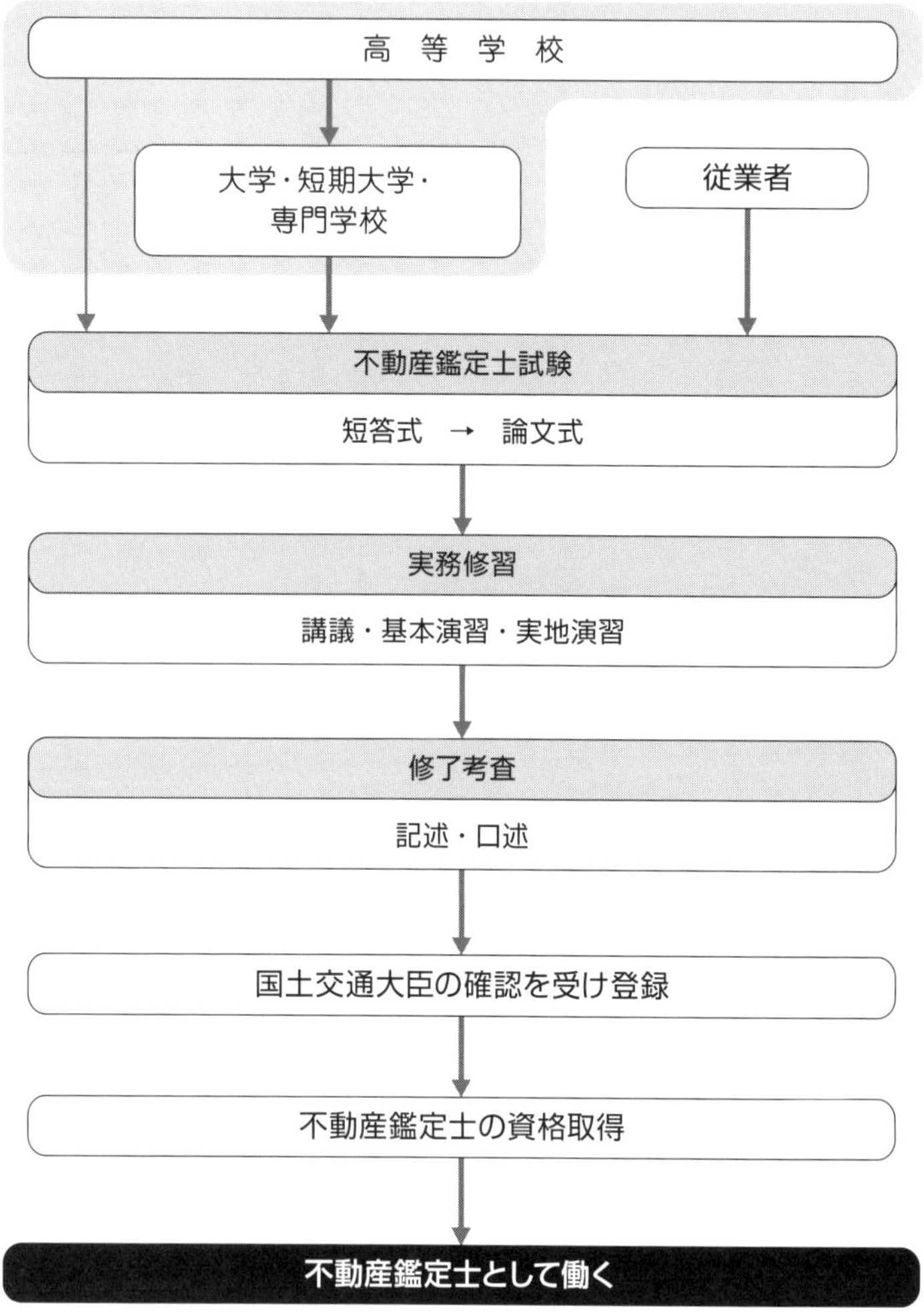


※不動産鑑定士資格試験の受験資格は特になく、学歴に関係なく受験できる。

# フローチャート　宅地建物取引士

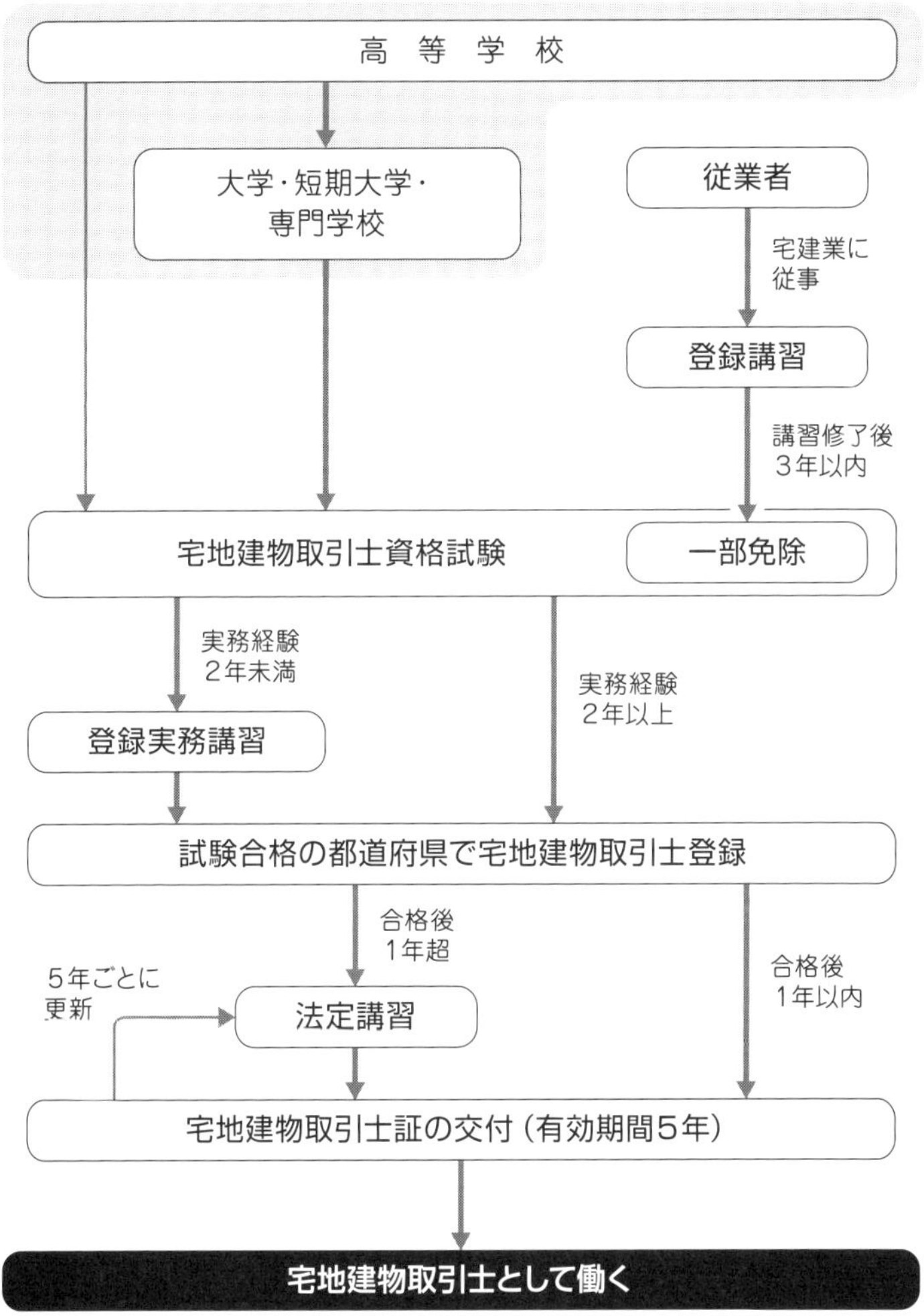


※宅地建物取引士資格試験の受験資格は特になく、学歴に関係なく受験できる。

## なるにはブックガイド

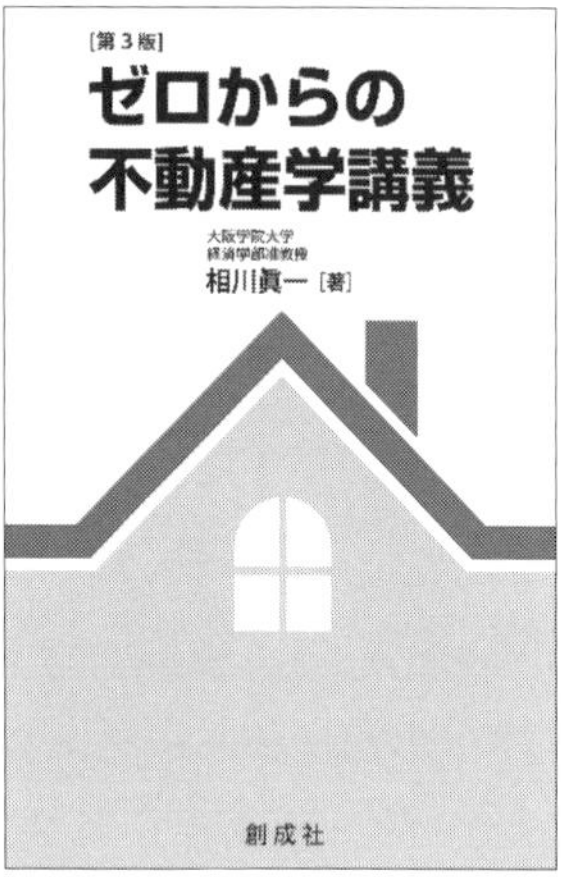


**『ゼロからの不動産学講義』**
相川眞一 著
創成社

大学で教鞭をとる著者が、大学の一般教養課程の学生を対象とした不動産学の超入門書。自身の不動産学との出合いから書かれているので、親近感をもって読み進めることができる。宅地建物取引士と不動産鑑定士試験の問題が随所に掲載されているので、両方の概略を知ることもできる。

**『京都の「違和感」**
**不動産鑑定士の京都体験』**
杉本幸雄 著
淡交社

「鴨川べりに並ぶカップルの間隔はどれくらい」「清水寺の参道がすべて坂道なのはなぜ」など、東京在住の不動産鑑定士でもある著者が、たびたび訪れる京都で感じた素朴な疑問を明らかにしていく謎解き本。不動産鑑定士独自の視点で見つめる京都が新鮮で思わず行きたくなる。

『正直不動産』
大谷アキラ 作画
夏原武 原案・水野光博 脚本
小学館

不動産会社の永瀬財地は嘘をいとわぬ口八丁で営業成績トップのエース。ところがある日、地鎮祭で石碑を壊して以来、嘘がつけなくなってしまった……。ぶっちゃけニューヒーロー、永瀬を通して知られざる不動産業界の裏事情が楽しくわかりやすく描かれている。人気コミックでテレビドラマ化もされている。

『クセがスゴい不動産』
あなたの理想不動産 著
宝島社

大人気の YouTuber が紹介する初の書籍。壁が曲がった謎の物件、家の半分が玄関の物件、駅の中にある物件、そして隠し部屋つきのワンルームなど、本当にこんなところに住めるの⁉ と思えるようなクセのスゴい物件が紹介されている。眺めているだけで住まいのおもしろさが伝わってくる。

職業MAP！ 興味があるのはどの仕事？

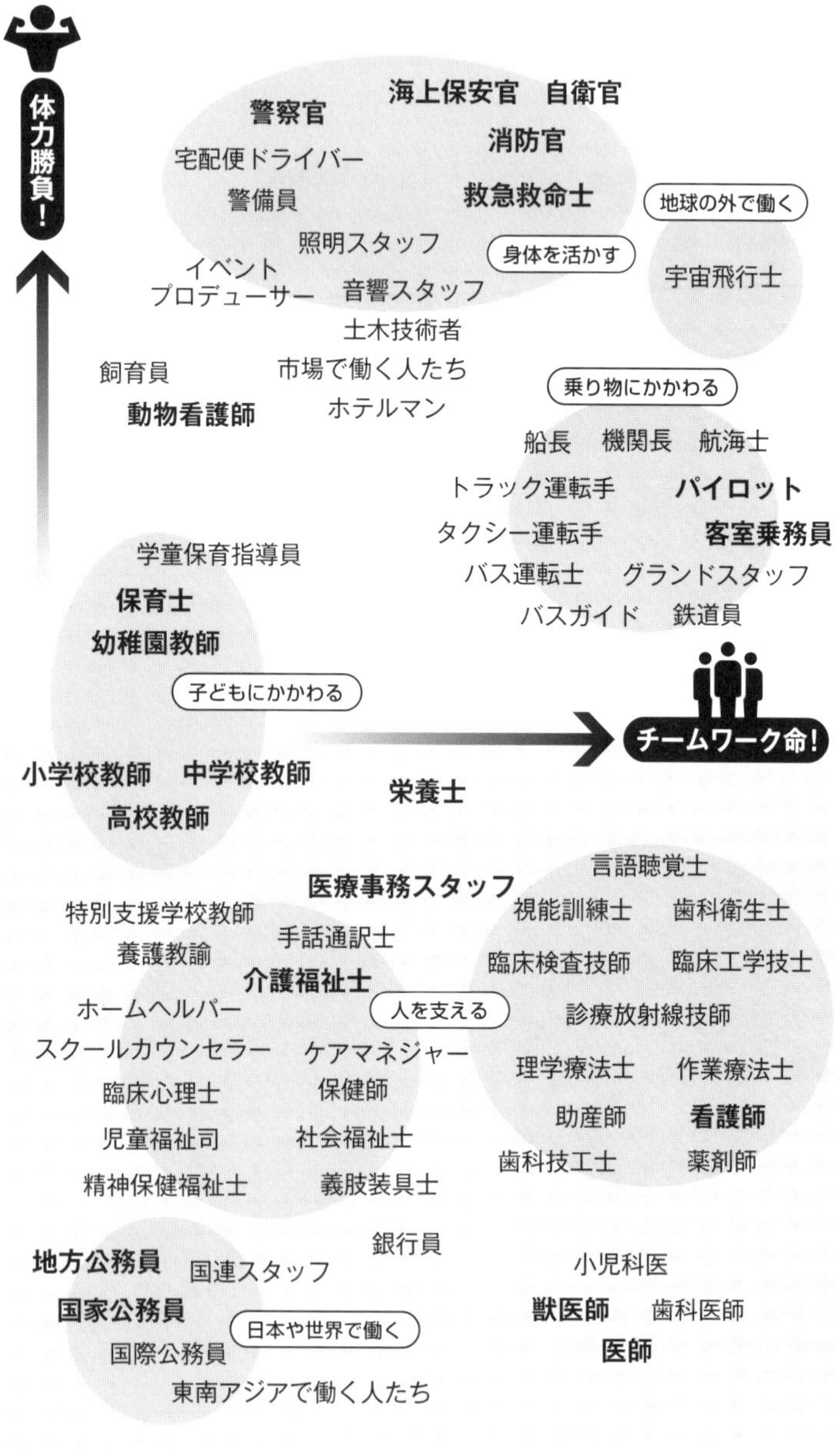
体力勝負！
チームワーク命！
身体を活かす
警察官
海上保安官
自衛官
消防官
宅配便ドライバー
警備員
救急救命士
照明スタッフ
イベントプロデューサー
音響スタッフ
地球の外で働く
宇宙飛行士
土木技術者
飼育員
市場で働く人たち
動物看護師
ホテルマン
乗り物にかかわる
船長
機関長
航海士
トラック運転手
パイロット
タクシー運転手
客室乗務員
バス運転士
グランドスタッフ
バスガイド
鉄道員
子どもにかかわる
学童保育指導員
保育士
幼稚園教師
小学校教師
中学校教師
高校教師
栄養士
人を支える
医療事務スタッフ
特別支援学校教師
手話通訳士
養護教諭
介護福祉士
ホームヘルパー
スクールカウンセラー
ケアマネジャー
臨床心理士
保健師
児童福祉司
社会福祉士
精神保健福祉士
義肢装具士
言語聴覚士
視能訓練士
歯科衛生士
臨床検査技師
臨床工学技士
診療放射線技師
理学療法士
作業療法士
助産師
看護師
歯科技工士
薬剤師
日本や世界で働く
地方公務員
国連スタッフ
銀行員
国家公務員
国際公務員
東南アジアで働く人たち
小児科医
獣医師
歯科医師
医師

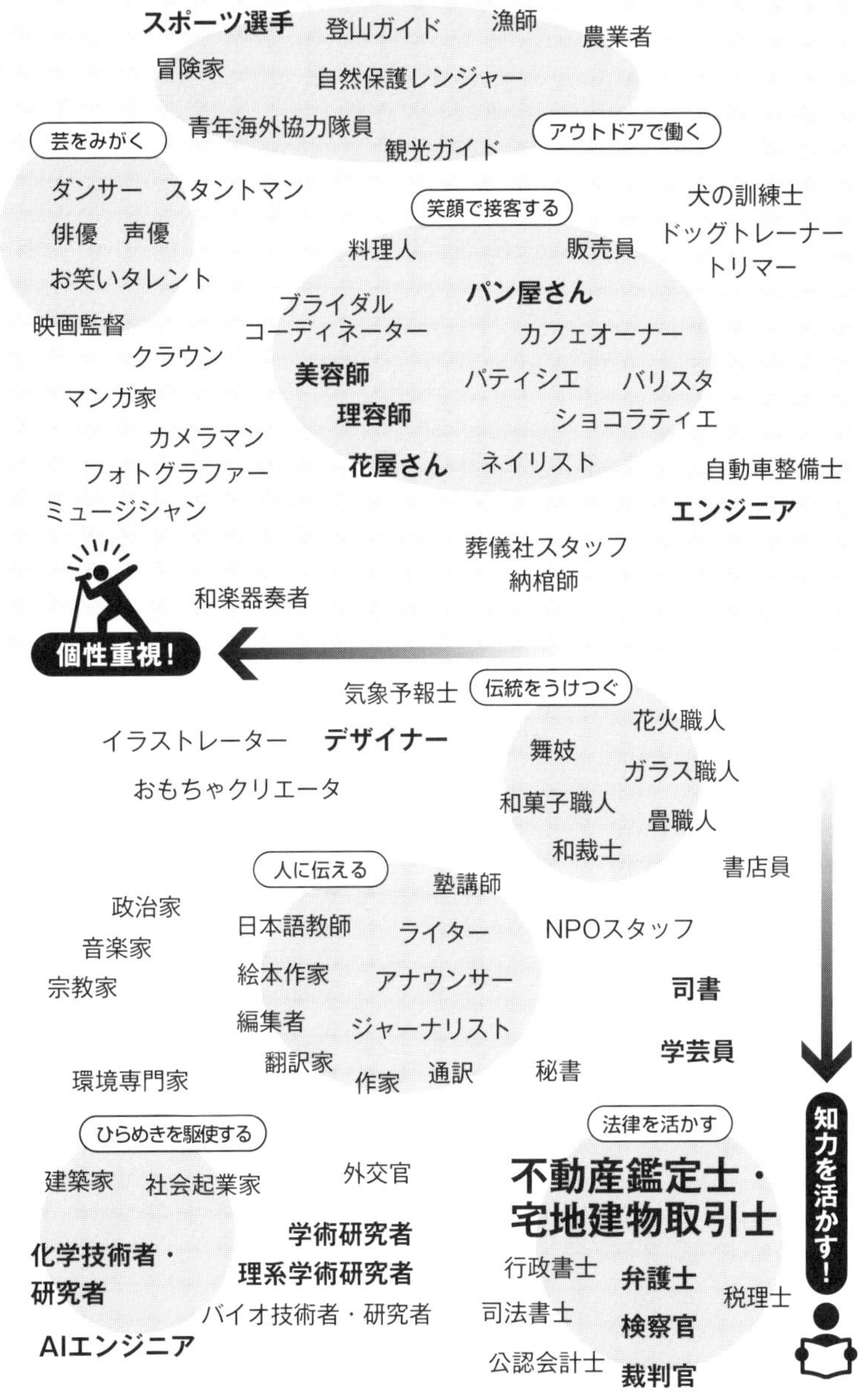
アウトドアで働く
スポーツ選手
登山ガイド
漁師
農業者
冒険家
自然保護レンジャー
青年海外協力隊員
観光ガイド
芸をみがく
ダンサー
スタントマン
俳優
声優
お笑いタレント
映画監督
クラウン
マンガ家
カメラマン
フォトグラファー
ミュージシャン
和楽器奏者
笑顔で接客する
料理人
販売員
パン屋さん
ブライダルコーディネーター
カフェオーナー
美容師
パティシエ
バリスタ
理容師
ショコラティエ
花屋さん
ネイリスト
犬の訓練士
ドッグトレーナー
トリマー
自動車整備士
エンジニア
葬儀社スタッフ
納棺師
個性重視!
気象予報士
伝統をうけつぐ
花火職人
舞妓
ガラス職人
和菓子職人
畳職人
和裁士
イラストレーター
デザイナー
おもちゃクリエータ
書店員
人に伝える
塾講師
政治家
日本語教師
ライター
NPOスタッフ
音楽家
絵本作家
アナウンサー
宗教家
司書
編集者
ジャーナリスト
翻訳家
作家
通訳
秘書
学芸員
環境専門家
ひらめきを駆使する
建築家
社会起業家
外交官
化学技術者・研究者
学術研究者
理系学術研究者
バイオ技術者・研究者
AIエンジニア
法律を活かす
不動産鑑定士・宅地建物取引士
行政書士
弁護士
税理士
司法書士
検察官
公認会計士
裁判官
知力を活かす!

［著者紹介］

## いのうえ りえ

愛知県生まれ。編集プロダクションを経て独立。現在は編集・ライター／コピーライターとして著名人をはじめ、さまざまなジャンルで活躍する人びとの取材・執筆を数多く手がける。テーマは仕事、人生、会社、職業、学び（学部紹介、社会人大学院、通信制大学）、エンタメ（映画、舞台など）、健康、医療、不動産、旅行など多岐にわたる。

**不《ふ》動《どう》産《さん》鑑《かん》定《てい》士《し》・宅《たく》地《ち》建《たて》物《もの》取《とり》引《ひき》士《し》になるには**

2023年10月10日　初版第1刷発行

| | |
|---|---|
| 著　者 | いのうえ りえ |
| 発行者 | 廣嶋武人 |
| 発行所 | 株式会社ぺりかん社<br>〒113-0033　東京都文京区本郷1-28-36<br>TEL 03-3814-8515（営業）<br>03-3814-8732（編集）<br>http://www.perikansha.co.jp/ |
| 印刷所 | 大盛印刷株式会社 |
| 製本所 | 鶴亀製本株式会社 |


ISBN978-4-8315-1649-7　Printed in Japan

## 【なるにはBOOKS】

税別価格 1170円〜1700円

1 パイロット
2 客室乗務員
3 ファッションデザイナー
4 冒険家
5 美容師・理容師
6 アナウンサー
7 マンガ家
8 船長・機関長
9 映画監督
10 通訳者・通訳ガイド
11 グラフィックデザイナー
12 医師
13 看護師
14 料理人
15 俳優
16 保育士
17 ジャーナリスト
18 エンジニア
19 司書
20 国家公務員
21 弁護士
22 工芸家
23 外交官
24 コンピュータ技術者
25 自動車整備士
26 鉄道員
27 学術研究者(人文・社会科学系)
28 公認会計士
29 小学校教諭
30 音楽家
31 フォトグラファー
32 建築技術者
33 作家
34 管理栄養士・栄養士
35 販売員・ファッションアドバイザー
36 政治家
37 環境専門家
38 印刷技術者
39 美術家
40 弁理士
41 編集者
42 陶芸家
43 秘書
44 商社マン
45 漁師
46 農業者
47 歯科衛生士・歯科技工士
48 警察官
49 伝統芸能家
50 鍼灸師・マッサージ師
51 青年海外協力隊員
52 広告マン
53 声優
54 スタイリスト
55 不動産鑑定士・宅地建物取引士
56 幼稚園教諭
57 ツアーコンダクター
58 薬剤師
59 インテリアコーディネーター
60 スポーツインストラクター
61 社会福祉士・精神保健福祉士
62 中小企業診断士
63 社会保険労務士
64 旅行業務取扱管理者
65 地方公務員
66 特別支援学校教諭
67 理学療法士
68 獣医師
69 インダストリアルデザイナー
70 グリーンコーディネーター
71 映像技術者
72 棋士
73 自然保護レンジャー
74 力士
75 宗教家
76 CGクリエータ
77 サイエンティスト
78 イベントプロデューサー
79 パン屋さん
80 翻訳家
81 臨床心理士
82 モデル
83 国際公務員
84 日本語教師
85 落語家
86 歯科医師
87 ホテルマン
88 消防官
89 中学校・高校教師
90 動物看護師
91 ドッグトレーナー・犬の訓練士
92 動物園飼育員・水族館飼育員
93 フードコーディネーター
94 シナリオライター・放送作家
95 ソムリエ・バーテンダー
96 お笑いタレント
97 作業療法士
98 通関士
99 杜氏
100 介護福祉士
101 ゲームクリエータ
102 マルチメディアクリエータ
103 ウェブクリエータ
104 花屋さん
105 保健師・養護教諭
106 税理士
107 司法書士
108 行政書士
109 宇宙飛行士
110 学芸員
111 アニメクリエータ
112 臨床検査技師
113 言語聴覚士
114 自衛官
115 ダンサー
116 ジョッキー・調教師
117 プロゴルファー
118 カフェオーナー・カフェスタッフ・バリスタ
119 イラストレーター
120 プロサッカー選手
121 海上保安官
122 競輪選手
123 建築家
124 おもちゃクリエータ
125 音響技術者
126 ロボット技術者
127 ブライダルコーディネーター
128 ミュージシャン
129 ケアマネジャー
130 検察官
131 レーシングドライバー
132 裁判官
133 プロ野球選手
134 パティシエ
135 ライター
136 トリマー
137 ネイリスト
138 社会起業家
139 絵本作家
140 銀行員
141 警備員・セキュリティスタッフ
142 観光ガイド
143 理系学術研究者
144 気象予報士・予報官
145 ビルメンテナンススタッフ
146 義肢装具士
147 助産師
148 グランドスタッフ
149 診療放射線技師
150 視能訓練士
151 バイオ技術者・研究者
152 救急救命士
153 臨床工学技士
154 講談師・浪曲師
155 AIエンジニア
156 アプリケーションエンジニア
157 土木技術者
158 化学技術者・研究者
159 航空宇宙エンジニア
160 医療事務スタッフ

補巻24 福祉業界で働く
補巻25 教育業界で働く
補巻26 ゲーム業界で働く
補巻27 アニメ業界で働く
補巻28 港で働く
別巻 大人になる前に知る 命のこと
別巻 大人になる前に知る 性のこと
別巻 レポート・論文作成ガイド
別巻 ミュージアムを知ろう
別巻 小中高生におすすめの本220
別巻 中高生からの防犯
別巻 会社で働く
別巻 大人になる前に知る 老いと死
別巻 指と耳で見る、目と手で聞く
別巻 生理の話
別巻 中高生の防災ブック
教科と仕事 英語の時間(未刊)
教科と仕事 国語の時間
教科と仕事 数学の時間
高校調べ 総合学科高校
高校調べ 商業科高校
高校調べ 農業科高校(未刊)

―― 以降続刊 ――

※一部品切・改訂中です。

2023.09.